From English to

Swedish 1

A basic Swedish textbook for English speaking students (color edition)

Text: Bengt Hällgren

Illustrations: Carol Hällgren

Production: CreateSpace Independent Publishing Platform

ISBN-13: 978-1540452900
ISBN-10: 1540452905

Table of contents

Introduction

Dear reader,

Spending a year abroad offers a fantastic opportunity. You not only get to know the people and the culture of another country, you also have the possibility of gaining a different perspective of the world, of your own country and of yourself. An important key to this experience is learning the language of your host country. How will you otherwise be able to participate in discussions with friends, understand TV programs, read newspapers, or hear what people are talking about in the café or on the bus? Only with a knowledge of the language will you be able to slowly make the transition to seeing the world from the perspective of another nation.

But is it possible to learn Swedish in just one year? If you are an English speaker, the answer is YES. You will soon discover that hundreds of Swedish words are identical or very similar to English words with the same meaning. Just have a quick glance at the appendix *A brief history of the Swedish language* at the end of this book, and you will be convinced. In the very beginning pronunciation may pose a challenge, and we will not deny that serious Swedish studies require a daily struggle with vocabulary and grammar, but after a few months you will be able to guess the meaning of many new words, simply because you have developed a feeling for the kinship between English and Swedish.

This beginner's Swedish book tells the story of an American girl who comes to live with a Swedish family as a high school exchange student. She struggles to learn Swedish and runs into a number of culture clashes. Just about all episodes in the book are based on real life events taken from our own experience as exchange students and as a host family.

A basic challenge when writing this book has been to limit the vocabulary to the most frequent words and at the same time meet the level A1 of the European CEFR-scale.[1] At the end of the book you will find an alphabetical list of all the different words which appear in the texts. Forty-four percent of these words can be found among the one thousand most frequent words of the Swedish language as defined by Språkbanken, a database published by the University of Gothenburg.[2]

Another question when writing a language book is in what order to present the vocabulary. One option is to cover one theme per lesson: family, body parts, clothes, food ... However, it is difficult to write an entertaining story if you have to squeeze all parts of the body into one chapter, all the clothes you can think of into the next and so on. In this book we let the plot rule over the vocabulary rather than the vocabulary over the plot. Thus, we hope that you will accept learning some words from a certain area in one lesson and some more in another.

Grammar is a shortcut to learning a language. It offers brief, general descriptions of language phenomena, sparing you the trouble of drawing your own conclusions from hundreds of examples. However, grammar includes terminology which may not be familiar to all students. We therefore explain all grammatical terms used in the grammar sections of this book except the most basic ones. At the end of the book you will find a grammar overview with further explanations and references to the grammar sections of the lessons.

The exercises offer an opportunity to practice vocabulary and grammar. We have also included some well known songs with limited vocabulary, mostly children's songs by classical writers.

We sincerely hope that you will find our book helpful for learning basic Swedish and for gaining a first insight into Swedish culture and mentality. Join us in smiling over the culture clashes which may occur when Americans meet Swedes, but never for-

---

[1] http://www.coe.int/t/dg4/linguistic/cadre1_en.asp

[2] http://spraakbanken.gu.se

get that underneath the culture surface people are basically the same all over the world, however strange they may appear at first glance.

Karlstad, May 2015

Bengt and Carol Hällgren

Some advice on language learning

1. Approach your Swedish studies with a positive attitude. If you tell yourself that this is going to be interesting and even fun, you will learn much faster and with less effort, than if you expect it to be difficult and boring.

2. Do try to get the pronunciation correct from the very beginning. Each time you pronounce a word wrong, the faulty pronunciation will make a deeper imprint in your brain, and finally it will have fossilized and become very difficult to correct. Therefore, we have uploaded a series of videos on YouTube, where we read the vocabulary lists chapter by chapter, leaving you time to repeat each word aloud. We also read some of the texts. You will find the first video by searching for "From English to Swedish video 1".

3. Start speaking Swedish as soon as possible. Every time you build a sentence you are learning. Don't be afraid to make mistakes! If you give people a reason to laugh at you, they'll always remember you with a smile.

4. Stop speaking English as soon as possible and avoid switching back and forth between the languages. This is difficult since just about all Swedes speak English and – knowing you are an international student – will address you in English until you urge them to speak Swedish with you.

5. Do take the initiative to make Swedish friends! Swedes are brought up to respect other people's integrity, which makes them hesitate to take up contact with strangers. They are not shy; they are just being polite in a Swedish way.

About the authors

Bengt Hällgren, born and raised in Sweden, studied theology, languages, and later engineering. Before his retirement he worked as an education and research coordinator at the University of Karlstad, Sweden.

Carol Hällgren, born and raised in California, studied languages, art, and dance. Most of her professional life she has worked as a dance teacher.

Bengt and Carol met as exchange students in Germany, and Carol later moved to Sweden to marry Bengt. They have since been engaged in youth exchange on both high school and university levels as volunteers, host parents, and as contact family. They have a long experience of helping exchange students and other newcomers to the country to learn Swedish.

Thanks

We want to thank Ingrid Hällgren Skoglund, retired teacher of Swedish and History, for writing the supplement *A brief history of the Swedish language*.

Pronunciation

The Swedish alphabet is the same as the English alphabet with the following exceptions:

– **w** is often not regarded as a separate character and therefore included under **v** in dictionaries

– three extra vowels, **å**, **ä,** and **ö**, appear at the end of the alphabet.

Both English and Swedish are conservative with respect to spelling. Therefore, the spelling of a word does not always correspond to present day pronunciation but rather to what Swedish sounded like several hundred years ago.

In this book we have decided not to describe pronunciation by means of the phonetic alphabet. According to our experience this is of little help for many students. Instead, we recommend that you not only <u>see</u> but also <u>hear</u> the words when learning vocabulary. The best way to get your pronunciation correct from the beginning is to find a Swedish teacher or a Swedish friend to help you.

In the following pages we briefly describe the pronunciation of the Swedish vowels and of some specific consonants and consonant combinations.

"Hard" (rear) vowels

A	Short [3] open	Similar to the *o* in English "son" but more open.	*en **arm*** = an arm *en **hand*** = a hand *en **katt*** = a cat
	Long closed	Like the *a* in English "car"	*ett **glas*** = a glass *ett **par*** = a pair *en **tomát*** [4] = a tomato
O	Short open	Like the *o* in British English "clock"	*en **boll*** = a ball *en **dóktor*** = a doctor *en **klócka*** = a clock
	Short closed	Like the *oo* in English "tool" but short	*ett **kílo*** = a kilo *en **orm*** = a snake *en **ost*** = a cheese
	Long open	Like the *o* in English "more"	*en **atóm*** = an atom *kol* = carbon *en **son*** = a son
	Long closed	Like the *oo* in English "tool"	*en **fot*** = a foot *en **ko*** = a cow *en **ros*** = a rose
U	Short open	Similar to the *u* in English "bus" but with protruding lips	*en **buss*** = a bus *en **hund*** = a dog *en **kung*** = a king

---

[3] Vowels are generally pronounced long when followed by one consonant only and short when followed by two or more consonants. There are, however, many exceptions to this rule.

[4] In the pronunciation tables we mark the stressed syllable in several syllable words with an accent sign. This will not appear in normal writing except in some words like *café*.

U	Long closed	Similar to the *ew* in English "screw" but with protruding lips and the tip of the tongue touching the lower teeth	*ett hus* = a house *en mus* = a mouse *en skruv* = a screw
Å	Short	Like the *o* in British English "clock"	*en rå´tta* = a rat *en tång* = a pair of tongs *en å´tta* = an eight
	Long	Like the *o* in English "more"	*en båt* = a boat *ett hår* = a hair *en tå* = a toe

"Soft" (front) vowels

E	Short	Like the *e* in English "pen"	*en pénna* = a pen *en réktor* = a rector *en vécka* = a week
	Long	Like the *e* in English "café"	*ett kafé* = a café *ett ben* = a leg, a bone *en TV (tévé)* = a TV
I	Short	Like the *i* in English "finger"	*ett finger* = a finger *en fisk* = a fish *en ring* = a ring
	Long	Like the *i* in English "kilo"	*en bil* = a car *ett kílo* = a kilo *en kniv* = a knife

15

Y	Short	Like the *u* in French "une" No English equivalent	*en cýkel* = a bicycle *en kýrka* = a church *en sýster* = a sister
	Long	Like the *ue* in French "rue" No English equivalent	*ett flýgplán* = an airplane *en fýra* = a four *en kostým* = a suit
Ä	Short	Like the *e* in English "egg"	*en häst* = a horse *ett ägg* = an egg *ett ä′pple* = an apple
	Long	Like the *ai* in English "air"	*en nä′sa* = a nose *ett svärd* = a sword *ett träd* = a tree
Ö	Short open	Like the *u* in English "fur" but short	*en dörr* = a door *ett fö′nster* = a window *fö′tter* = feet
	Long open	Like the *u* in English "fur" but with the tip of tongue just behind the lower teeth	*en björn* = a bear *smör* = butter *ett ö′ra* = an ear
	Long closed	Like the *u* in English "fur" but with protruding lips and the tip of tongue touching the lower teeth	*ett bröd* = a bread *ett löv* = a leaf *ett ö′ga* = an eye

Consonants [5]

C	Like an English *k* in front of a consonant or a hard vowel (a, o, u, å)	*ett bácon* = a bacon *en clown* = a clown *och* = and
	Like an English *s* in front of a soft vowel (e, i, y, ä, ö)	*en církus* = a circus *en citrón* = a lemon *en cýkel* = a bicycle
D	Similar to an English *d* but with the tip of the tongue touching the upper teeth	*en dag* = a day *det här* = this *en hund* = a dog
G	Like the *g* in English "go" in front of a consonant or a hard vowel	*ett glas* = a glass *grå* = grey *god* = good
	Like the *y* in English "yes" in front of a soft vowel and at the end of a word	*gíssa* = guess *gymnastík* = gymnastics *en varg* = a wolf
J	Like the *y* in English "yes"	*en björn* = a bear *jazz* = jazz *en paj* = a pie
K	Like an English *k* in front of a consonant or a hard vowel and inside words	*en katt* = a cat *en kniv* = a knife *en fisk* = a fish
	Like the *Ch* in English "China" but without the initial t-sound at the beginning of a word in front of a soft vowel	*kemí* = chemistry *ett kílo* = a kilo *en kýrka* = a church

---

[5] Here we list only consonants which differ in pronunciation from English.

L	Like an English *l* but with the tongue flat and the tip of it almost touching the upper teeth	*en bil* = a car *ett glas* = a glass *ett löv* = a leaf
R	Like a Scottish English *r*, i.e. with the tip of the tongue vibrating	*en arm* = an arm *en kýrka* = a church *en réktor* = a rector
T	Like an English *t* but with the tongue flat and the tip of it touching the upper teeth	*en fot* = a foot *en katt* = a cat *en tomát* = a tomato
Z	Like an English *s*, i.e. without activating the vocal cords	*jazz* = jazz *en zómbie* = a zombie *ett zoo* = a zoo

Consonant combinations

ck	The consonant combination *ck*, which is pronounced like an English *k*, makes the preceeding vowel short.	*en klócka* = a clock *en vécka* = a week
The j-sound	The j-sound, like the *y* in English "yes", is most often spelled with a *j* or a *g* followed by a soft vowel, but in some words it is spelled with *dj*, *gj*, *hj* or *lj* where the first letter is not pronounced.	*jazz* = jazz *gíssa* = guess *ett djur* = an animal *gjórde* = did/made *hjä'lpa* = help *ett ljus* = a light

The ng-sound	The ng-sound, like the *ng* in English "ring", is most often spelled with *ng* but in some words with a *g* in front of an *n* or with an *n* in front of a *k*.	*må´nga* [6] = many *ett regn* [7] = a rain *en bank* [8] = en bank
rn **rd** **rs** **rt**	In the four consonant combinations *rd*, *rn*, *rs*, *rt* the *r* is not pronounced but the following consonant is pronounced with the tip of the tongue drawn back to the position for saying a rolling *r*.[9]	*en jord* = an earth *en björn* = a bear *en kurs* = a course *en artikel* = an article
The sj-sound	The sj-sound may be spelled in a number of different ways. In eastern Sweden it is pronounced like the *sh* in English "shoot". In western Sweden it is pronounced with the back of the tongue meeting the palate further back.	*choklád* = chocolate *schámpo* = shampoo *en sjö* = a lake *en skjórta* = a shirt *en sked* [10] = a spoon
The tj-sound	The tj-sound, like the *Ch* in English "China" but without the initial t-sound, is spelled with a *k* followed by a soft vowel or with one of the letter combinations *ch*, *kj* or *tj*.	*ett kílo* = a kilo *en check* = a check *en kjol* = a skirt *tjúgo* = twenty

[6] No *g* is pronounced after the ng-sound.

[7] The *n* is pronounced separately after the ng-sound.

[8] The k is pronounced separately after the ng-sound.

[9] In fluent speech this is true even if the *r* is at the end of one word and the *d*, *n*, *s* or *t* at is the beginning of the next word.

[10] The combination *sk* merges to a sj-sound only in front of a soft vowel. In other cases the *s* and the *k* are pronounced separately.

Pronunciation irregularities in everyday speech

A few, very common words drop their final consonant in everyday speech.	*jag = I* → *ja* *det = it* → *de* *är = am/are/is* → *ä* *var = was* → *va*
The pronouns *de* = they and *dem* = them are both pronounced *dom* (short o) in everyday speech.	*de = they* → *dom* *dem = them* → *dom*
Adjectives ending in *-igt* drop their g in everyday speech.	*roligt = fun* → *rolit*

Pronunciation exercises

1. Here is a list of the 96 words used as examples in the preceding pages. Read them aloud to make sure that you remember their pronunciation. How many of the words can you guess the meaning of?

en arm	*en clown*	*ett glas*	*en klocka*
en artikel	*en cykel*	*god*	*en kniv*
en atom	*en dag*	*grå*	*en ko*
ett bacon	*det här*	*gymnastik*	*kol*
en bank	*ett djur*	*en hand*	*en kostym*
ett ben	*en doktor*	*en hund*	*en kung*
en bil	*en dörr*	*ett hus*	*en kurs*
en björn	*ett finger*	*ett hår*	*en kyrka*
en boll	*en fisk*	*en häst*	*ett ljus*
ett bröd	*ett flygplan*	*jazz*	*ett löv*
en buss	*en fot*	*en jord*	*en mus*
en båt	*en fyra*	*ett kafé*	*många*
en check	*ett fönster*	*en katt*	*en näsa*
choklad	*fötter*	*kemi*	*och*
en cirkus	*gissa*	*ett kilo*	*en orm*
en citron	*gjorde*	*en kjol*	*en ost*

ett par	*schampo*	*en syster*	*en vecka*
en paj	*en sjö*	*tjugo*	*en zombie*
en penna	*en sked*	*en tomat*	*ett zoo*
ett regn	*en skjorta*	*ett träd*	*en åtta*
en rektor	*en skruv*	*en TV*	*ett ägg*
en ring	*smör*	*en tå*	*ett äpple*
en ros	*en son*	*en tång*	*ett öga*
en råtta	*ett svärd*	*en varg*	*ett öra*

2. The vowel o may be pronounced in four ways (short-open, short-closed, long-open, long-closed). Find an example of each pronunciation among the words of exercise 1.

3. Which are the hard vowels and which are the soft vowels?

4. How is the letter *k* pronounced at the beginning of a word in front of a soft vowel?

5. How is the letter *g* pronounced at the end of a word?

6. How is the letter combination *rn* pronounced?

7. How is the consonant combination *skj* in the word *skjorta* pronounced in eastern and western Sweden respectively?

Twenty-one different ways to pronounce vowels! And that language is supposed to be related to English?

Lektion 1

en mamma

en pappa

en pojke

en flicka

en hund

en katt

en familj

Grammar

Indefinite and definite forms of nouns

English has only one indefinite article for all nouns: *a* (*an* if the noun starts with a vowel). Swedish has two indefinite articles: *en* and *ett*. Thus, Swedish nouns can be divided into "en-nouns" and "ett-nouns". In this first lesson only en-nouns will appear.

Example: *en lektion* = a lesson

The definite form of English nouns is created by means of the definite article *the*. Swedish nouns are converted to definite form singular by adding the ending *-en* or *-n* for en-nouns and *-et* or *-t* for ett-nouns.

Example: *lektion<u>en</u>* = the lesson

Present tense of verbs

Swedish verbs have the same form for all persons.

Example:

jag [11] *heter*	I am called
du heter	you are called (addressing one person)
han heter	he is called
hon heter	she is called
den heter	it is called (referring to en-nouns)
det [12] *heter*	it is called (referring to ett-nouns)
vi heter	we are called
ni heter	you are called (addressing several persons)
de [13] *heter*	they are called

---

[11] Pronounce *jag* as *ja*.

[12] Pronounce *det* as *de*.

[13] Pronounce *de* as *dom*.

Endings instead of the
definite article?
That's definitely odd!

Vocabulary

jag	I
du (referring to one person)	you
han	he
hon	she
den (referring to en-nouns)	it
det (referring to ett-nouns)	it
vi	we
ni (referring to several persons)	you
de [14]	they
en lektion, lektionen	a lesson, the lesson
det här	this
är [15]	am/are/is
en familj, familjen	a family, the family
en pappa, pappan	a father, the father
i	in
heter	am/is/are called
en mamma, mamman	a mother, the mother
och	and
en	a, one
en flicka, flickan	a girl, the girl

---

[14] Pronounce *de* as *dom*.

[15] Pronounce *är* as *ä*.

25

Lektion 1

till .... to, of
en pojke, pojken .... a boy, the boy
som .... which, who, as, like
en syster, systern .... a sister, the sister
en bror, brodern .... a brother, the brother
har .... have
en hund, hunden .... a dog, the dog
en katt, katten .... a cat, the cat
också .... also, too
varje .... every
en dag, dagen .... a day, the day
går .... go, walk
ut .... out
med .... with
men .... but
inte .... not
vem .... who
själv .... himself/herself
vad .... what
en intervju, intervjun .... an interview, the interview

Familjen Lundström

Det här är familjen Lundström.[16] Pappa i familjen heter Bo Lundström. Mamma i familjen heter Margareta Lundström. Bo och Margareta har en flicka som heter Julia och en pojke som heter Jesper. Bo är pappa till Julia och Jesper. Margareta är mamma till Julia och Jesper. Julia är syster till Jesper, och Jesper är bror till Julia.

Familjen Lundström har en hund och en katt också. Hunden heter Sigge och katten heter Missan. Varje dag går pappa Bo ut med Sigge, men han går inte ut med Missan. Mamma Margareta går inte ut med Missan. Julia går inte ut med Missan. Jesper går inte ut med Missan. Vem går ut med Missan? Hon går ut själv!

---

[16] Pronounciation: *De här ä familjen Lundström.*

27

En intervju

Vad heter du? – Jag heter Jesper Lundström.

Har du familj? – Jag har pappa, mamma och en syster.

Vad heter de? – Pappa heter Bo och mamma heter Margareta.

Du har en syster. Vad heter hon? – Hon heter Julia.

Har ni hund? – Vi har en hund.

Vad heter hunden? – Han heter Sigge.

Har ni katt? – Vi har en katt.

Vad heter katten? – Hon heter Missan.

Vem går ut med hunden? – Pappa går ut med Sigge.

Vem går ut med katten? – Missan går ut själv.

Comments on the text

Varje dag går pappa Bo ut med Sigge – The literal meaning of
the expression *gå ut med* is "go out with". However, it can
mean both "take for a walk" and "have a date with".

Har du familj? – Swedish does not use the indefinite article
when referring to a general category (families, dogs, cats etc.)
Compare English "Do you have a family?"

Ha! Det är jag
som går ut
med Missan!

Exercises

1. Repeat aloud all the present tense forms (I am, you are, he is, she is, it is etc.) of the following Swedish verbs.

    Jag är …

    Jag har …

    Jag heter …

    Jag går …

2. Write the Swedish equivalent of the following words.

also	………………	herself	………………
am/is/are	………………	I am called	………………
and	………………	I walk	………………
boy	………………	in	………………
brother	………………	mother	………………
but	………………	not	………………
cat	………………	out	………………
day	………………	sister	………………
dog	………………	this	………………
every	………………	to	………………
family	………………	what?	………………
father	………………	who?	………………
girl	………………	with	………………

3. Make as many statements as you can about the following
   picture starting with "Det här är…".

4. What is the definite form of the following nouns?

   en mamma   mamman

   en pappa   ……………….

   en familj   ……………….

   en syster   ……………….

   en hund   ……………….

   en katt   ……………….

5. Answer the following questions with complete sentences.

   – Vad heter pappan i familjen Lundström?

   – Vad heter Jespers syster?

   – Vem är bror till Julia?

   – Är Margareta syster till Bo?

   – Är Missan en hund?

   – Vem går ut med Sigge?

   – Vem går ut med Missan?

6. Repeat some of the vocabulary one more time by singing the following tune. Melody: "Are you sleeping, are you sleeping, Brother John, Brother John?"

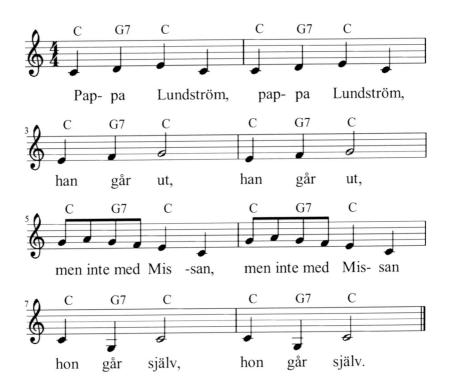

Lektion 2

ett hus

en skola

Han ska cykla

Han cyklar

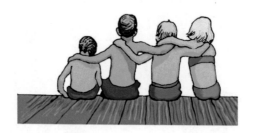

en vän och en vän och en vän och en vän

Grammar

The genitive form of nouns
Swedish forms the genitive (owner) case of nouns by adding an
s. Nouns already ending in *s* or *x* do not add an extra *s*. Unlike in
English no apostrophe is needed. Examples:

Julias bror = Julia's brother

familjen Lundströms hus = the house of the Lundström family

Max hund = Max's dog.

Infinitive vs. present tense of verbs
The infinitive form (the form proceeded by *to*) and the present
tense form of verbs are the same in English. In Swedish they are
different. Most Swedish verbs (but not all!) end their infinitive
form in *-a* and their present tense form in either *-ar* or *-er*.

Examples:

Infinitive	Present tense
att cykla = to ride the bicycle	*jag cyklar* = I ride the bicycle
att komma = to come	*jag kommer* = I come

From now on we will present the verbs with the infinitive and
present tense forms like this in the vocabulary lists:

cykla, cyklar .... ride the bicycle

komma, kommer .... come

So Swedes have different forms
for "to come" and "I come"?
That's different!

33

Vocabulary

komma, kommer	come
bo, bor	live
där	there
ett hus, huset	a house, the house
från	from
cykla, cyklar	ride the bicycle
ett arbete, arbetet	a job, the job
en skola, skolan	a school, the school
Sverige	Sweden
vanligt	common, usual
att	to
stort	big
ett sovrum, sovrummet	a bedroom, the bedroom
det finns	there is
ett	a, one
till	more
nej	no
ingen	no, nobody
ett möte, mötet	a meeting, the meeting
hej	hello
hur	how
bara	only
bra	good, well
ja	yes
en vän, vännen	a friend, the friend
Mexiko	Mexico
nu	now
kan	can
hinna, hinner	have time
varför	why
så	so, like that
ska (old: *skall*)	will, shall
kanske	maybe
tack	thank you
hej då	good bye

Familjen Lundströms hus

Familjen Lundström bor i Karlstad. Där har de ett hus. Pappa Bo kommer från Karlstad, men mamma Margareta kommer från Göteborg. Bo och Margareta har arbete i Karlstad. De cyklar till arbetet varje dag. Julia och Jesper går i skolan. De cyklar till skolan varje dag. I Sverige är det vanligt att cykla.

Familjen Lundströms hus är stort. Mamma och pappa har ett sovrum. Julia har ett sovrum, och det har Jesper också. Men det finns ett sovrum till. Vem bor i det? Är det Sigge? Nej. Är det Missan? Nej. Vem bor i sovrummet? Ingen!

Ett möte

Pappa: Hej Julia!

Julia: Hej pappa!

Pappa: Hur är det?

Julia: Bara bra.

Pappa: Kommer du från skolan?

Julia: Ja, vi kommer från skolan.

Pappa: Vem är det här?

Julia: Det är en vän från skolan. Han heter Ricardo.

Pappa: Är du från Sverige, Ricardo?

Ricardo: Nej, vi kommer från Mexiko, mamma, pappa och jag.

Pappa: Julia, kan inte du gå ut med Sigge? Jag hinner inte nu.

Julia: Nej, Jesper kan gå ut med Sigge. Jag hinner inte.

Pappa: Varför inte?

Julia: Jag ska gå ut med Ricardo.

Ricardo: Vem är Sigge?

Julia: Sigge är familjens hund.

Ricardo: Går han inte ut själv?

Julia: Nej, i Sverige kan en hund inte gå ut själv.

Ricardo: Men där kommer en katt!

Julia: Det är Missan. Hon går ut själv.

Ricardo: Varför kan en katt gå ut själv men inte en hund?

Julia: Det bara är så!

Pappa: Kan inte du och Ricardo gå ut med Sigge?

Julia: Det kan vi kanske.

Ricardo: Ja, Julia! Vi går ut med hunden!

Pappa: Bra! Tack Ricardo! Hej då!

Julia: Hej då, pappa!

Ricardo: Hej då!

Comments on the text

ett sovrum till – one more bedroom. The word *till* can also have the meaning "to, of" as in lesson 1.

Hur är det? – How are you?

Bara bra! – Just fine!

Det bara är så! – That's just the way it is!

Hej då! – Good bye!

Exercises

1. Write the correct indefinite article (*en* or *ett*) in front of the following nouns.

    ..... familj   ..... pappa

    ..... flicka   ..... pojke

    ..... hund   ..... skola

    ..... hus   ..... sovrum

    ..... katt   ..... syster

    ..... mamma   ..... vän

    Any conclusion about the frequency of en-nouns and ett-nouns? Yes, en-nouns are much more common than ett-nouns. Actually, about 80 % of all nouns are en-nouns.

2. Write the Swedish equivalent of the following words.

a bedroom	....	live	....
ride the bicycle	....	maybe	....
big	....	no	....
can	....	nobody	....
come	....	now	....
common	....	a school	....
a friend	....	shall	....
from	....	Sweden	....
Good bye!	....	Thank you!	....
have time	....	there	....
Hello!	....	there is	....
a house	....	why?	....
How are you?	....	a job	....
Just fine!	....	yes	....

3. Answer the following questions with complete sentences.

   – Bor familjen Lundström i Göteborg?

   – Kommer Margareta Lundström från Karlstad?

   – Hur kommer Margareta och Bo Lundström till arbetet?

   – Hur kommer Julia och Jesper till skolan?

   – Varför kan Bo Lundström inte gå ut med Sigge?

   – Varför kan Julia inte gå ut med Sigge?

   – Vem är Ricardo?

   – Kommer Ricardos mamma och pappa från USA?

   – Vem går ut med Sigge?

4. So far you have learned four Swedish words to ask questions. Do you remember them?

   how? = ...   who? = ...

   what? = ...   why? = ...

5. Write the present tense of the following verbs. In case you don't know the present tense ending, you can look the word up in the glossary at the end of the book.

   bo   bor

   cykla   ....

   gå   ....

   ha   ....

   heta   ....

   hinna   ....

   komma   ....

6. Who will be Sigge's favorite today? Supply the missing words to find out!

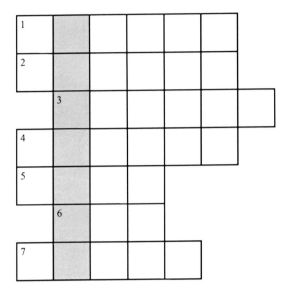

1 – Margareta Lundström har ett … i Karlstad.

2 – Bo Lundström … inte gå ut med Sigge.

3 – Margareta och Bo … till arbetet.

4 – Margareta, Bo, Julia och Jesper är en ….

5 – Jesper är Julias ….

6 – Sigge vill gå ut varje ….

7 – Jesper är en ….

Lektion 3

en flicka
två flickor

en pojke
två pojkar

en katt
två katter

ett arbete
två arbeten

ett barn
två barn

Grammatik

Plural form of nouns
Swedish nouns can be divided into five main groups with five different plural endings. The definite form plural (English: <u>the</u> mother<u>s</u>) is then created by adding yet another ending to the first one. Here is how it is done:

<u>En-nouns</u>

1. En-nouns ending in -*a* add **-or**

en mamma	a mother
mamman	the mother
mamm<u>or</u>	mothers
mamm<u>orna</u>	the mothers

2. Most other en-nouns add **-ar**

en dag	a day
dagen	the day
dag<u>ar</u>	days
dag<u>arna</u>	the days

3. En-nouns with the stress on the last syllable add **-er**

en familj	a family
familjen	the family
familj<u>er</u>	families
familj<u>erna</u>	the families

<u>Ett-nouns</u>

4. Ett-nouns ending in a vowel add **-n**

ett möte	a meeting
mötet	the meeting
möte<u>n</u>	meetings
möte<u>na</u>	the meetings

5. Ett-nouns ending in a consonant add no plural ending

ett hus	a house
huset	the house
*hus_*	houses
hus<u>en</u>	the houses

Note the difference to groups 1-4!

From now on we will present the nouns without their indefinite article (*en, ett*) in the vocabulary lists. If the singular definite form (the second form) ends in -*n*, the noun is an en-noun. If it ends in -t, the noun is an ett-noun. Be prepared that some nouns do not belong to any of the groups mentioned on the previous page.

> Five different plural endings! So I will have to memorize both the singular and the plural of every noun?

Glosor

grammatik, grammatiken (no plural)	grammar
glosa, glosan, glosor, glosorna	vocabulary word
sur	sulky, sour
glad	glad, happy
mycket	very
typiskt	typical
barn, barnet, barn, barnen	child
alla	all
ute	outside
säga, säger	say
förstå, förstår	understand
trädgård, trädgården, trädgårdar, trädgårdarna	garden
här	here
tycka, tycker	think, have an opinion
roligt	fun
aha	oh, I see
två	two
minut, minuten, minuter, minuterna	minute
något	something, anything
utbytesstudent, utbytesstudenten, utbytesstudenter, utbytesstudenterna	exchange student
extra	extra
många	many
fråga, frågar	ask
om	if, about

akta, aktar	mind, watch out
dig	you, yourself
lyfta, lyfter	lift
ben, benet, ben, benen	leg
fot, foten, fötter, fötterna	foot

Gå ut med Sigge

Julia och Ricardo går ut med Sigge. Julia är sur. Ricardo är glad.
Sigge är mycket glad.

Julia: Det är typiskt! Mammor och pappor har hundar, men
det är barnen som ska gå ut med hundarna!

Ricardo: Är det så i Sverige?

Julia: Ja, i alla familjer.

Ricardo: I Mexiko går vi inte ut med hundarna. De [17] bor ute.

Julia: Vad säger du? Bor de ute? Jag förstår inte.

---

[17] Remember to read *de* as *dom*.

Ricardo: Alla hundar bor i trädgården.

Julia: Det går inte i Sverige. Här bor de i husen och barnen går ut med hundarna.

Ricardo: Men jag tycker det är roligt att gå ut med Sigge.

Julia: Det tycker inte jag.

Ricardo: Jag tycker det är roligt att du och jag går ut med Sigge.

Julia: Aha!

Det går två minuter. Ingen säger något.

Ricardo: De säger att det kanske ska komma en utbytesstudent till skolan. En flicka från Kalifornien.

Julia: Vad roligt!

Ricardo: Men det kanske inte går. Hon kanske inte kan komma.

Julia: Varför inte?

Ricardo: Hon har ingen familj att komma till. Det är ingen familj som har ett extra sovrum.

Julia: Vi kanske har det. Vi har ett stort hus med många sovrum. Jag ska fråga pappa och mamma om hon inte kan bo i det extra sovrummet som vi har.

Ricardo: Vad bra!

Julia: Akta dig!

Ricardo: Vad är det?

Julia: Sigge lyfter benet!

Ricardo: Och?

Julia: Akta foten!!!

Comments on the text

Utbytesstudent – In Swedish two or more nouns may combine to form a new word. The nouns *ett utbyte* = "an exchange" and *en student* = "a student" can combine to form both *en utbytesstudent* = "an exchange student" and *ett studentutbyte* = "a student exchange".

Akta dig! – Watch out! Literally: Protect yourself!

Exercises

1. Write a short presentation of yourself and your family in Swedish.

2. In the text of this lesson, underline all nouns which are in the plural form. You should find 13 in all.

3. Of the 13 nouns you just underlined, circle the ones that are in the definite form. You should find 6.

4. Complete the following table. If you are not sure of a word, consult the glossary at the end of the book. Make sure that you know the meaning of each word.

ett	arbete	arbetet	arbeten	arbetena
	barn			
	ben			
	dag			
	familj			
	flicka			
	hund			
	hus			
	katt			
	lektion			
	mamma			

	minut			
	pappa			
	pojke			
	skola			
	syster			
	trädgård			
	vän			

5. Write the Swedish equivalent of the following adjectives.

big   ....

common   ....

fun   ....

glad   ....

good   ....

sulky   ....

typical   ....

6. Answer the following questions with complete sentences.
   - Är Julia glad att gå ut med Sigge?
   - Är Ricardo glad att gå ut med Sigge? Varför?
   - Var kommer utbytesstudenten från?
   - Varför kan utbytesstudenten kanske inte komma?
   - Vad ska Julia fråga Margareta och Bo?
   - Varför ska Ricardo flytta foten?

7. Will the Lundström family receive the exchange student in their home? Find the answer by walking your way through the maze of verbs. If the present tense of the verb in the box ends in *-ar*, go one step to the right! If it ends in *-er*, go one step down! The correct outcome decides the continuation of our story!

Start here!

tycka	komma	lyfta	fråga	cykla	cykla	**Ja**
heta	lyfta	komma	tycka	komma	heta	**Nej**
cykla	fråga	säga	säga	hinna	säga	**Ja**
hinna	cykla	fråga	hinna	säga	hinna	**Nej**
fråga	hinna	hinna	lyfta	lyfta	komma	**Ja**
komma	säga	tycka	komma	tycka	lyfta	**Nej**
säga	tycka	heta	cykla	heta	fråga	**Ja**
lyfta	heta	cykla	heta	fråga	tycka	**Nej**
Nej	**Ja**	**Nej**	**Ja**	**Nej**	**Ja**	

Lektion 4

en liten hund
den lilla hunden
två små hundar
de två små hundarna

en full resväska
den fulla resväskan
två fulla resväskor
de två fulla resväskorna

en varm strumpa
den varma strumpan
två varma strumpor
de två varma strumporna

ett lätt flygplan
det lätta flygplanet
två lätta flygplan
de två lätta flygplanen

Grammatik

Adjectives

Most Swedish adjectives have three different forms depending on the noun they describe.

1. The basic form (*stor* = big) refers to **en-nouns in singular.**

   Examples: *Vi har en stor katt. Katten är stor.*

2. A *-t* is added to the basic form when the adjective refers to **ett-nouns in singular.**

   Example: *Vi har ett stort hus. Huset är stort.*

3. An *-a* is added to the basic form when the adjective refers to **nouns in plural.**

   Example: *Vi har två stora katter. Katterna är stora.*

4. The ending *-a* is also used when the adjective refers to a **specific individual or object** in singular. In such cases the adjective is typically preceded by a pronoun [18] like *den/det* or by a word for an owner (noun or pronoun). Examples:

   Den stora katten bor i det stora huset.
   Lundströms stora katt är vän med vår [19] *stora katt.*

   The same rule applies when the adjective refers to an individual being addressed. Example:

   Kom hit, stora katt! = Come here, big cat!

   When an adjective according to rule 4 refers to an obviously masculine noun, the ending *-e* is often used instead of *-a*.

   Example: *Katarina den Stora* but *Alexander den Store.*

---

[18] Pronouns are words which replace nouns, like in the sentence *Give them to her* instead of *Give the flowers to Mary.* Examples of pronouns are *she, it, himself, this, that, who, someone, nobody.*

[19] *vår* (= our) is a pronoun.

From now on we will present the adjectives like this in the vocabulary lists:

stor, stort, stora .... big

The numbers 1-20

en/ett	one	*elva*	eleven
två	two	*tolv*	twelve
tre	three	*tretton*	thirteen
fyra	four	*fjorton*	fourteen
fem	five	*femton*	fifteen
sex	six	*sexton*	sixteen
sju	seven	*sjutton*	seventeen
åtta	eight	*arton*	eighteen
nio (nie)	nine	*nitton*	nineteen
tio (tie)	ten	*tjugo*	twenty

Glosor

packa, packar .... pack
resväska, resväskan, resväskor, resväskorna .... suitcase
liten, litet, lilla (singular)/*små* (plural) .... little
stad, staden, städer, städerna .... city, town
norra .... northern
år, året, år, åren .... year
just .... just, exactly
kläder, kläderna (no singular) .... clothes
resa, reser .... travel, raise
ta, tar .... take
varm, varmt, varma .... warm
tröja, tröjan, tröjor, tröjorna .... sweater
kall, kallt, kalla .... cold
full, fullt, fulla .... full
redan .... already
par, paret, par, paren .... pair, couple
byxor, byxorna (no singular) .... pants
klänning, klänningen, klänningar, klänningarna . dress
blus, blusen, blusar, blusarna .... blouse

kjol, kjolen, kjolar, kjolarna ....skirt
sko, skon, skor, skorna ....shoe
massa, massan, massor, massorna ....lot
av ....by, of, off
underkläder, underkläderna (no singular)...........underwear
strumpa, strumpan, strumpor, strumporna ....sock, stocking
gammal, gammalt, gamla ....old
då ....then
egen, eget, egna ....own
allt ....everything
titta, tittar ....look
på ....at, on
efter ....after
flygplan, flygplanet, flygplan, flygplanen ....airplane
lätt, lätt, lätta ....light, easy
binda, bindan, bindor, bindorna ....sanitary pad
veta, vet ....know
svenska, svenskan (no plural) ....Swedish (language)

Ashley packar resväskorna

Ashley Chapman heter en flicka, som bor i en liten stad i norra Kalifornien. Ashley har mamma, pappa och en syster, som heter Abigail. Ashley är sjutton år, men Abigail är bara tolv. Just nu är Ashley i sovrummet. Mamma och Abigail är också där. Ashley packar kläder i en stor resväska. Hon ska resa till Sverige som utbytesstudent.

Mamma: Ta en varm tröja till! Det är kallt i Sverige.

Abigail: Ta två varma tröjor till!

Ashley: Det går inte. Resväskan är full.

Abigail: Du kan ta en resväska till!

Ashley: Jag har redan två stora resväskor.

Mamma: Två resväskor! Vad har du i resväskorna?

Ashley: Kläder, kläder och kläder! Stora kläder, små kläder, varma kläder, kalla kläder... Jag har åtta par byxor,

sju klänningar, tio blusar och fem kjolar. Och så har jag sex par skor och massor av underkläder och strumpor.

Abigail: Vad heter den där familjen som du ska resa till?

Ashley: De heter Lundström, men jag kanske inte kan säga det som de säger det i Sverige.

Abigail: Har de barn?

Ashley: Ja, de har en stor flicka och en liten pojke.

Abigail: Vad heter de?

Ashley: Den stora flickan heter Julia och den lilla pojken heter Jesper.

Abigail: Hur gammal är Julia?

Ashley: Hon är sjutton år som jag.

Abigail: Och hur gammal är Jesper?

Ashley: Han är tolv som du.

Abigail: Barn som är tolv år är inte små! Jag tycker att Jesper också är stor!

Mamma: Har de ett stort hus?

Ashley: Ja, det är inte litet. Jag ska ha ett eget sovrum. Och så har de en hund och en katt, men det är bara en liten hund.

Abigail: Hur stor är katten?

Ashley: Du frågar då också om allt! Som en typisk katt. Inte stor och inte liten.

Nu kommer Ashleys pappa. Han tittar på resväskorna.

Pappa: Du kan bara ha <u>en</u> stor resväska med på flygplanet, inte två. Vad har du i resväskorna?

Mamma: Kläder, kläder och kläder, säger hon.

Ashleys pappa lyfter resväskorna en efter en.

Pappa: Den här resväskan är mycket lätt. Är det kläder i den? Är den full?

Ashley: Nej, pappa! Titta inte i den lätta resväskan!!!

Pappa: Men vad är det här? Den är full med bindor! En resväska med bara bindor!

Ashley: Ja, pappa! Jag ska bo i Sverige i ett år. Jag vet inte vad "binda" heter på svenska och jag vet inte hur jag ska fråga!

Comments on the text

Jag har åtta par byxor – Since pants originally were two separate pieces of clothing, one for each leg, they are generally referred to as "a pair of pants" or "ett par byxor". Buying pants in the store, however, you may hear the sales person talk about "en byxa" (= ett par byxor).

Den lilla pojken – The adjective *liten* takes on the forms *liten, litet, lilla* when referring to singular case nouns. When referring to plural case nouns the irregular form *små* is used.

Du frågar då också om allt! – An irritated comment aimed at a person who asks too many questions.

Den är ju full med bindor! – My wife who was born and raised in the USA finds the mentioning of sanitary pads too "advanced" for a beginner's book in Swedish. For a Swede it is not particularly embarrassing. Besides, like most stories in this book, this one is based on real life. A very rational American friend of ours was going on a year-long exchange to Germany but didn't know a word of German. To be on the safe side, she packed one year's supply of pads. It filled a whole suitcase!

på svenska – Unlike in English, languages are written with a non-capital letter in Swedish.

Exercises

1. Count aloud in Swedish from 1 to 20 and then backwards from 20 to 1.

2. Answer the following questions with complete sentences.

   – Hur många ben har en katt? Två katter? Tre katter? Fyra katter? Fem katter?

   – Var ska Ashley bo som utbytesstudent?

   – Ska hon ha ett eget sovrum?

– Varför ska Ashley packa en extra varm tröja?

– Hur många byxor, klänningar, blusar etc. packar hon i den stora resväskan?

– Vad tycker Abigail om Jesper? Är han liten?

– Hur många stora resväskor får Ashley ha på flygplanet?

– Vad packar hon i den lätta resväskan?

– Varför packar hon så många bindor?

3. Give all forms of the nouns in the pictures.

en sko ....
skon ....
skor ....
skorna ....

....
....
....
....

....
....
....
....

....
....
....
....

....
....
....
....

4. Fill in the missing Swedish adjectives. Consult the grammar section if you don't know the right form.

- Ashley är .... men Abigail är ....
  (glad, sulky)

- Familjen Lundström bor i ett .... hus. (big)

- Det är .... i Sverige. (cold)

- Ashley tar med två .... tröjor till Sverige.
  (warm)

- Det är inte .... att inte ha en tröja om det är

  .... (fun, cold).

- Hur .... är det i Kalifornien? (warm)

- Hur .... är Abigail? (old)

- Ashleys .... resväska är .... (light,
  full)

- Vi har en .... hund. (little)

- Vi ska gå ut med den .... hunden. (little)

- Kom hit, ... hund! (little)

- Kom hit, ... hundar! (little)

Lektion 5

Han tittar på
henne.

Hon tittar på
honom.

Hon tittar på sig själv.

Grammatik

Object form of personal pronouns

		Non-reflexive object		Reflexive object	
Singular	1	*mig* [20]	me	*mig*	myself
	2	*dig*	you	*dig*	yourself
	3	*honom* *henne* *den* *det*	him her it it	*sig*	himself herself itself
Plural	1	*oss*	us	*oss*	ourselves
	2	*er*	you	*er*	yourselves
	3	*dem* [21]	them	*sig*	themselves

The reflexive object forms are used when the object is the same person as the subject in the clause. They differ from the non-reflexive forms only in the 3rd person singular and plural. The reflexive forms may be emphasized by adding *själv/självt/själva* = self/selves. Examples:

Mamma tar på honom en tröja. = Mother puts a sweater on him.
— Not same person → Not reflexive

David tar på sig tröjan. = David puts on his sweater.
— Same person → Reflexive

Han kan ta på sig själv! = He can dress himself!
— Same person → Reflexive

---

[20] *Mig, dig* and *sig* are pronounced "may", "day" and "say". In casual text they are sometimes spelled *mej, dej* and *sej*.

[21] *Dem* is pronounced "dom" (short o) and sometimes spelled *dom*.

> So if the subject is also the object, I should use the reflexive form? That requires some reflection.

Glosor

stå, står	stand
station, stationen, stationer, stationerna	train or bus station
tåg, tåget, tåg, tågen	train
snart	soon
se, ser	see
människa, människan, människor, människorna	man, human being
var	where
dum, dumt, dumma	stupid
ju	of course
vara	be
måste	must
tjock, tjockt, tjocka	fat, thick
få, får	be allowed, receive, get
vinka, vinkar	wave
välkommen	welcome
tyst, tyst, tysta	silent
allvarlig, allvarligt, allvarliga	serious
flygplats, flygplatsen, flygplatser, flygplatserna	airport
buss, bussen, bussar, bussarna	bus
sitta, sitter	sit
normal, normalt, normala	normal
alltid	always
börja, börjar	start
hos	at, with
skratta, skrattar (åt)	laugh (at)
rest, resten, rester, resterna	rest

Ashley kommer till Karlstad

Familjen Lundström står på stationen i Karlstad. Där finns många människor. Tåget från Stockholm ska snart komma. Margareta och Bo är glada. Det är Julia och Jesper också. Nu kommer snart utbytesstudenten från USA. Ska de förstå henne? Ska hon förstå dem? Nu kommer tåget. Det är många som reser till Karlstad: pappor, mammor och barn. Familjen Lundström tittar och tittar, men de kan inte se Ashley.

Pappa: Var är Ashley? Jag kan inte se henne.

Mamma: Det är så många människor. Men jag ser ingen typisk utbytesstudent.

Jesper: Där kommer en flicka med en stor resväska. Är det hon?

Julia: Nu är du dum, Jesper! Det är ju en mamma, inte en flicka. Ser du inte att hon har ett barn?

Jesper: Men där då? Den tjocka flickan med mycket kläder.

Mamma: Tyst, Jesper! Så får du inte säga!

Jesper: Men hon är ju tjock!

Julia: Det kan vara hon. Titta, mamma! Titta, pappa! Det måste vara Ashley. Nu ser hon oss. Nu vinkar hon.

Jesper: Men varför har hon så mycket kläder på sig? Det är ju varmt!

Pappa: Välkommen, Ashley!

Mamma: Välkommen! Det är jag som är Margareta. Du kan säga "mamma" till mig.

Pappa: Som du förstår är det jag som är Bo, men det går bra om du säger "pappa" till mig.

Mamma: Här är Julia. Hon är sjutton år som du. Och här är Jesper. Han är bara tolv.

Jesper: Bara? Jag tycker tolv är mycket!

Julia: Det är roligt att du är här, Ashley.

Jesper: Varför är hon så sur?

Julia: Tyst nu, Jesper!

Jesper: Men hon är ju sur!

Pappa: Hur är det, Ashley? Du ser så allvarlig ut.

Ashley: Jag är glad att vara här, men alla i Sverige är så allvarliga. Det måste vara något som inte är bra.

Pappa: Vad säger du?

Ashley: Ingen tittar på mig. Ingen säger hej. På flygplatsen tittar ingen i resväskorna. Varför är det så?

Pappa: Det är normalt i Sverige.

Ashley: På bussen till Stockholm sitter alla en och en. Alla är allvarliga. Ingen säger något.

Pappa: Det är alltid så. Men vi i familjen Lundström är alla glada. Vi är inte allvarliga. Vi är glada att du är här och att du ska bo hos oss.

Nu börjar Jesper skratta. Så börjar Julia skratta. Snart skrattar alla, Ashley också.

Mamma: Men varför har du så mycket kläder på dig, Ashley? Får jag se? Du har ju två par byxor och två kjolar på dig. Och så har du tre varma tröjor! Så kallt är det inte i Sverige. Inte nu.

Ashley: Nej, men mamma säger att jag måste ta mycket kläder med mig. Och pappa säger att jag bara får ha <u>en</u> stor resväska på flygplanet. Den är full, så jag har resten av byxorna och kjolarna och tröjorna på mig. Och fråga mig inte var jag har alla underkläder!

Comments on the text

Varför har du så mycket kläder på dig? – The expression *att ha på sig* means "to wear" when talking about clothes. Equivalently, *att ta på sig* means "to put on" or "to dress".

Exercises

1. Fill in the missing pronouns.

Jag har en hund. Den bor hos mig.

Du har en hund. Den bor hos ......

Han har en hund. Den bor hos ......

Hon har en hund. Den bor hos ......

Vi har en hund. Den bor hos ......

Ni har en hund. Den bor hos ......

De har en hund. Den bor hos ......

2. Fill in the missing words.

Var är Ashley? Familjen Lundström tittar och tittar men kan inte se .... (her)

Jesper är dum. Mamma säger till .... att vara tyst. (him)

Där är Ashley! Hon vinkar till .... (us)

Ashley har en resväska, men ingen tittar i .... (it)

Får jag bo med ......, Bo och Margareta? (you)

Ashley .... tre varma tröjor. (wears)

3. Answer the following questions with complete sentences.

   1. Hur kommer Ashley från flygplatsen till Stockholm?

   2. Hur kommer hon från Stockholm till Karlstad?

   3. Varför säger mamma att Jesper ska vara tyst?

   4. Är Ashleys resväska stor eller liten?

   5. Varför säger Ashley att något inte är bra?

   6. Varför är Ashley så tjock?

   7. Varför har hon tre tröjor?

4. From the adjectives you have learned so far, try to find one to describe each of the following pictures. Give all three forms of each adjective.

stor
stort
stora

....
....
....

....
....
....

....
....
....

....
....
....

....
....
....

....
....
....

....
....
....

....
....
....

....
....
....

....
....
....

....
....
....

5. Crossword puzzle

Horisontal

1 – Ashley får bara ha <u>en</u> .... på flygplanet.

6 – Ashleys resväska är ......

7 – Vi är alla glada .... du är här!

8 – Jesper är Julias bror. Hon tycker att .... är liten.

10 – Stockholm är en stor ....

11 – Sigge vill alltid gå ut på ....

Vertical

2 – Familjen Lundström har ett .... sovrum.

3 – Ashley har tre tröjor och är mycket ....

4 – Snart .... både Ashley och familjen Lundström.

5 – Är människorna i Sverige .... allvarliga?

8 – Familjen Lundström bor i ett stort ....

9 – Sigge och Missan, måste .... gå ut?

6. Learn and sing this song!

Lilla snigel, akta dig!

(a song for small children)

Lilla snigel [22] akta dig, akta dig, akta dig!

Lilla snigel akta dig! Annars [23] tar jag dig.

7. "One small snail" is "en <u>liten</u> snigel" in Swedish. So why do the lyrics of the song start "<u>Lilla</u> snigel"? You will find the explanation in the grammar section of lesson 4.

---

[22] *snigel, snigeln, sniglar, sniglarna* = slug

[23] *annars* = otherwise, or else

8. Dear reader, I challenge you to write your own poem in Swedish using only the 174 words you have learned so far. You are welcome to send your poem to <u>bengt@haellgren.se</u>. I will be eager to read it.

If you chose to write rhyming verse, you may find the following list useful. It contains all rhyming words from the vocabulary of lessons 1-5.

aha, bra, ha, ja, ska, ta

all, kall

allt, kallt

alla, kalla

att, glatt, katt

bara, vara

blus, hus

blusen, husen

bo, sko

bor, bror, skor, stor

dag, jag

de, se

dem, vem

den, men

det, vet

det här, där, här, är

dig, hej, mig, nej, sig

du, intervju, ju, nu

då, få, förstå, gå, hej då, på, stå, så, två

er, fler, ser

flest, rest

får, förstår, går, står, år

glad, stad, vad

har, par, tar, var

han, kan

heta, veta

hon, lektion, skon, station

hur, sur

i, ni, vi

kläder, städer

kläderna, städerna

lektionen, stationen

lektioner, stationer

lektionerna, stationerna

minut, ut

om, som

sitta, titta

Lektion 6

Han tar på **sig sina** skor.   Hon tar på **sig sina** skor.

Han tar på **sig hennes** skor.   Hon tar på **sig hans** skor.

Han tar på **henne**
sina skor.

Hon tar på **honom**
sina skor.

Han tar på **henne**
hennes skor.

Hon tar på **honom**
hans skor.

Grammatik

Owner (possessive) form of personal pronouns

		Non-reflexive owner		Reflexive owner	
Singular	1	*min* [24]	my, mine	*min*	my (own), mine
	2	*din*	your, yours	*din*	your (own), yours
	3	*hans* — his *hennes* — her, hers *dess* — its *dess* — its		*sin*	his (own) her (own), hers its (own)
Plural	1	*vår*	our, ours	*vår*	our (own), ours
	2	*er*	your, yours	*er*	your (own), yours
	3	*deras*	their, theirs	*sin*	their (own), theirs

The reflexive owner forms are used when the owner is the same person as the subject in the clause. They differ from the non-reflexive forms only in the 3rd person singular and plural. The reflexive forms may be emphasized by adding *egen/eget/egna* = own.

Examples:

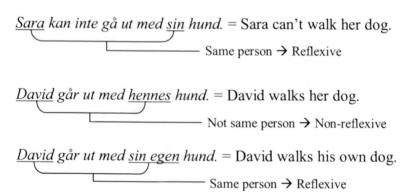

Sara kan inte gå ut med sin hund. = Sara can't walk her dog.
— Same person → Reflexive

David går ut med hennes hund. = David walks her dog.
— Not same person → Non-reflexive

David går ut med sin egen hund. = David walks his own dog.
— Same person → Reflexive

---

[24] The following forms take on endings like adjectives: *min/mitt/mina, din/ditt/dina, sin/sitt/sina, vår/vårt/våra,* and *er/ert/era.*

Wow! Swedes must be awfully picky about whose shoes they are putting on and whose dog they are walking.

Glosor

bil, bilen, bilar, bilarna	car
äntligen	finally
stanna, stannar	stop, stay
framför	in front of
ur	out of
framme	at the destination
hjälpa, hjälper	help
sedan	then
in (i)	into
hall, hallen, hallar, hallarna	hall
ta av sig	take off, undress
förvånad, förvånat, förvånade [25]	surprised
göra, gör	do, make
regna, regnar	rain
smuts, smutsen (no plural)	dirt
badrum, badrummet, badrum, badrummen	bathroom
visa, visar	show
stänga, stänger	close
dörr, dörren, dörrar, dörrarna	door
vänta, väntar	wait
golv, golvet, golv, golven	floor
bakom	behind
bära, bär	carry
lägga, lägger	lay, put

---

[25] *förvånad* is the perfect participle of the verb *förvåna* = surprise. Perfect participles function as adjectives, but – unlike adjectives – the perfect participle of verbs which end their present tense in *-ar* (like *förvåna, förvånar*) add an *-e* instead of an *-a* (*förvånade*) when referring to a plural noun.

71

byrå, byrån, byråar, byråarna .... chest of drawers
hänga, hänger .... hang
garderob, garderoben, garderober,
   garderoberna .... closet, wardrobe
snygg, snyggt, snygga .... good-looking
äta, äter .... eat
bord, bordet, bord, borden .... table
plats, platsen, platser, platserna .... place
när .... when
restaurang, restaurangen, restauranger,
   restaurangerna .... restaurant

Äntligen framme

Familjen Lundströms bil stannar framför deras hus. Alla går ur
bilen. Ashley är glad att äntligen vara framme. Pappa lyfter ut
hennes stora resväska ur bilen. Julia och Jesper hjälper henne
med de små. Sedan går de in i huset. I hallen väntar Sigge. Han
står på två ben och är mycket glad. Alla i familjen Lundström tar
av sig skorna. Ashley tittar förvånad.

– Varför tar ni av er skorna? frågar hon.[26]

– Så gör alla i Sverige, säger mamma. Det regnar mycket här,
och skorna tar med sig smutsen in. Det är bra om du tar av dig
skorna också.

– Var är badrummet? frågar Ashley.

– Jag ska visa dig, säger Julia.

De går till badrummet. Ashley går in och stänger dörren. Det går
tio minuter ... och tio minuter till. Alla väntar ... och väntar.
Äntligen kommer Ashley ut.

– Men vad nu? säger Jesper förvånad. Är det Ashley? Hon är ju
inte tjock. Var är den tjocka Ashley?

På golvet bakom Ashley ser familjen Lundström en massa klä-
der. Det är alla hennes extra kläder.

---

[26] In Swedish books a hyphen is often used instead of quotation marks to
indicate the lines of a dialogue.

– Bra, nu är jag inte så varm, säger Ashley.

Julia hjälper Ashley att bära in alla kläderna i hennes sovrum.
Där börjar Ashley lägga sina underkläder i byrån. Julia hänger
hennes klänningar i garderoben.

Julia: Det här är en snygg klänning!

Ashley: Tycker du det?

Julia: Och den här blusen! Den är också mycket snygg.

73

Lektion 6

Ashley: Tack! Den är gammal. Kanske två år.

Julia: Jag går alltid i mina gamla vanliga byxor och tröjor. Alla mina kläder är gamla.

Ashley: Det kan jag inte se. Jag tycker dina kläder är snygga.

Julia tittar i Ashleys resväska.

Julia: Men vad är det där? En massa bindor? Varför har du med dig en massa bindor? Vi har bindor i badrummet. Du kan bara ta där.

Nu ska familjen äta. Alla kommer till bordet.

– Här sitter jag, säger Bo. Margareta sitter där. Julia har sin plats här, och Jesper … ja, det där är hans plats. Jag tycker du kan sitta där, Ashley.

– Tack!

– Har ni egna platser i Kalifornien också?

Ashley tittar förvånad på Bo.

– Egna platser? Jag förstår inte.

– Sitter ni på era egna platser och äter där också? frågar han.

– Vi äter alltid på restaurang, säger Ashley.

– Äter ni alltid på restaurang? Nu är det Bo som är förvånad.

– Ja, i vår familj gör vi alltid det …

Comments on the text

I hallen tar alla av sig skorna – When it comes to body parts and pieces of clothing, it is obvious who is the owner. In these cases Swedes tend to leave out the possessive pronoun. Compare English: "In the hallway everyone takes off <u>his</u> shoes".

Skorna tar med sig smutsen in – The reflexive expression *ta med sig* means "take with you" or "take along".

Jag går alltid i ... – I always wear ...

Exercises

1. In the text of this lesson, underline all owner (possessive) personal pronouns. You should find 13.

2. Explain why the reflexive form of the owner pronoun is used in the following sentences.
   - Ashley lägger sina underkläder i byrån.
   - Julia har sin plats här.

3. Explain why the non-reflexive form of the owner pronoun is used in the following sentences.
   - Julia hänger hennes klänningar i garderoben.
   - Pappa visar Ashley hennes plats.

4. Answer the following questions with complete sentences.
   - Vem lyfter ut Ashleys resväskor ur bilen?
   - Vad är det som Bo, Margareta, Julia och Jesper gör som gör Ashley förvånad?
   - Varför är Ashley så glad att äntligen komma till familjen Lundströms hus?
   - Vad gör Ashley i badrummet?
   - Vad gör Ashley och Julia i Ashleys rum?
   - Vad säger Julia om Ashleys klänning?

- Vad säger Julia om sina egna kläder?
- Var äter familjen Lundström?
- Var äter familjen Chapman?

5. Write the number of each of the following Swedish verbs in front of the equivalent English translation. The list continues on the following page!

1. bo	.... wave
2. bära	.... wait
3. börja	.... understand
4. cykla	.... think, have an opinion
5. fråga	.... take
6. få	.... stop, stay
7. förstå	.... start
8. gå	.... stand
9. göra	.... show
10. ha	.... see
11. heta	.... say
12. hinna	.... ride the bicycle
13. hjälpa	.... rain
14. hänga	.... pack
15. komma	.... travel
16. lyfta	.... look
17. lägga	.... live
18. packa	.... lift
19. regna	.... lay, put
20. resa	.... laugh
21. se	.... help
22. skratta	.... have time

23. stanna	.... have
24. stå	.... hang
25. stänga	.... go, walk, function
26. säga	.... eat
27. ta	.... do, make
28. titta	.... come
29. tycka	.... close
30. vara	.... carry
31. vinka	.... be
32. visa	.... be called
33. vänta	.... be allowed, receive
34. äta	.... ask

6. Fill in the missing pronouns in the following sentences.

    – Ricardo har en hund. Det är .... hund. (his)

    – Ricardo går ut med .... hund varje dag. (his)

    – Sigge är familjen Lundströms hund. Det är ....
       hund. (their)

    – Familjen Lundström går ut med .... hund varje dag.
       (their)

    – Bo visar Ashley .... plats. (her)

    – Alla i familjen Lundström sitter på .... egna platser
       och äter. (their)

    – .... sovrum är stora. (our)

    – .... sovrum är stort. (our)

7. The neighbors have seen a new girl move into the Lundström residence but find it too nosy to ask who she is. A visitor? A relative? Supply the missing words to help them find out!

1											
2											
3											
4											
5											
6											
7											
8											
9											
10											
11											
12											
13											
14											

1 – I lektion fem säger Ashley: "Fråga mig inte var jag har alla mina ……!"

2 – I lektion tre säger Ricardo om hundarna i Mexiko: "Alla hundar bor i ……."

3 – När Ashley kommer till familjen Lundströms hus frågar hon: "Var är ……?"

4 – Abigail är Ashleys ……

5 – I lektion fem frågar Margareta varför Ashley har tre varma …… på sig.

6 – Familjen Chapman äter alltid på ……

7 – I Lundströms hus får Ashley ett eget ……

8 – I lektion fem väntar familjen Lundström på Ashley på Karlstads ……

9 – Ashley reser från Stockholm till Karlstad med ……

10 – Bo lyfter ut Ashleys resväskor …… bilen.

11 – Ashley går in i badrummet och stänger ……

12 – Julia säger att alla hennes …… kläder är gamla.

13 – Familjen Chapman bor i en liten stad i …… Kalifornien.

14 – "Men hon är ju ……!" säger Jesper om Ashley i lektion fem.

Lektion 7

Stanna!

Hjälp!

Grammatik

The imperative form of the verb

The imperative form of the verb is the form used to tell someone to do something. Verbs with the present tense ending in -*ar*, just drop the -*r* to form the imperative. Verbs with the present tense ending in -*er*, drop the whole ending to form the imperative.

Examples:

Infinitive	Present tense	Imperative
att stanna = to stop	*jag stannar* = I stop	*stanna!* = stop!
att hjälpa = to help	*jag hjälper* = I help	*hjälp!* = help!

The numbers 21-100

tjugoett	twenty-one	*trettio*	thirty
tjugotvå	twenty-two	*fyrtio*	forty
tjugotre	twenty-three	*femtio*	fifty
tjugofyra	twenty-four	*sextio*	sixty
tjugofem	twenty-five	*sjuttio*	seventy
tjugosex	twenty-six	*åttio*	eighty
tjugosju	twenty-seven	*nittio*	ninety
tjugoåtta	twenty-eight	*ett hundra*	one hundred
tjugonio	twenty-nine		

Glosor

vilja, vill	want
lära sig, lär sig	learn
fort	quickly
för	because
kväll, kvällen, kvällar, kvällarna	evening
läsa, läser	read
lärare, läraren, lärare, lärarna	teacher
gymnasium, gymnasiet, gymnasier, gymnasierna	high school
mer	more
än	than
ord, ordet, ord, orden	word
förklara, förklarar	explain
motell, motellet, motell, motellen	motel
prata, pratar	speak
engelska, engelskan (no plural)	English (language)
för att	in order to, because
centrum, centrumet, centrum, centrumen	center, downtown
gata, gatan, gator, gatorna	street
ring, ringen, ringar, ringarna	ring
man, mannen, män, männen	man
bryta, bryter	break
upp	up
lås, låset, lås, låsen	lock

cykel, cykeln, cyklar, cyklarna .... bicycle
stjäla, stjäl .... steal
bli, blir... become
fram .... forward
arg, argt, arga .... angry
polis, polisen, poliser, poliserna .... police, police officer
ropa, ropar .... shout, call out
ursäkta, ursäktar .... excuse
väl... surely, isn't it
bort .... away
ansvar, ansvaret (no plural) .... responsibility
eller .... or

Sverige är inte som USA!

Ashley vill lära sig svenska fort, för skolan ska snart börja.

– Hjälp mig att lära mig svenska, säger hon till Margareta.

Nu läser Margareta svenska med henne varje kväll. Det är hon bra på, för hon är lärare i svenska på gymnasiet. Efter tre dagar kan Ashley redan mer än hundra ord. Nu kan hon förklara på svenska för Bo varför hennes familj alltid äter på restaurang: Hennes mamma och pappa har ett motell, och i motellet finns en restaurang. Det är deras egen restaurang som de äter på!

Julia vill prata engelska med Ashley, men hon skrattar och säger: "Prata svenska med mig! Jag förstår inte engelska."

Bo och Julia går ut för att visa Ashley Karlstad. I centrum är det många bilar och många människor. De går gata efter gata och tittar på allt.

– Varför är alla så tysta? frågar Ashley.

– Jag tycker inte de är tysta, säger Julia. Jag tycker de är normala.

På en gata står mer än femton människor i ring och tittar på något. Julia och Ashley blir förvånade och vill se vad alla tittar på.

I centrum på ringen finns en man som bryter upp låset på en cykel. Ashley förstår snart vad han vill göra. Han vill stjäla cykeln!

– Kom! Vi tar honom! säger Ashley till människorna som står i ring, men ingen gör något.

– Han är en, och vi är många! Vi kan ta honom! säger hon, men ingen går fram till mannen. Då blir Ashley arg.

– Polis! Polis! ropar hon, men det finns ingen polis där.

– Ropa inte på gatan, säger Julia. I Sverige ropar vi inte på gatan.

Nu kommer Bo fram till Ashley och Julia.

– Gör något! säger Ashley till honom. Mannen stjäl ju cykeln!

Då går Bo fram till mannen. Alla tittar på honom.

– Hm ... ursäkta! säger han. Det är väl din cykel?

Mannen ser sur ut och säger inget.

– Det kanske är hans cykel? säger Bo till människorna i ringen.

Just då får mannen upp låset. Han tar cykeln och går framför människorna i ringen. Ingen gör något. Så börjar han cykla bort från dem.

– Stanna! ropar Ashley men han stannar inte. Hon är mycket arg. Varför gör inte människor i Sverige något när de ser en man stjäla en cykel?

– Vi har inget med den där mannen att göra, förklarar Bo. Det är inte vårt ansvar att han stjäl. Skolan ska lära barn att inte stjäla. Polisen kan ta honom. Det är deras arbete, inte vårt. Det är inte mitt eller ditt ansvar att människor stjäl!

– Sverige är inte som USA! säger Ashley.

Comments on the text

Seeing a man steal a bicycle in front of a group of people where nobody made a move to intervene, was my wife's first tough culture clash when arriving from the USA to Sweden. 40 years later, Swedes' hesitation to interfere with strangers to set things right still annoys her.

Ashley vill lära sig svenska – Unlike the English word "will", the Swedish word *vill* expresses a desire to do something.

Lära sig – The reflexive verb *lära sig* means to learn. The verb *lära* without the reflexive *sig* means to teach.

Det är hon bra på – She is good at that.

Lärare – Professional titles ending in *-are* are en-nouns but add no plural ending: *en lärare, två lärare.*

Hon är lärare – Unlike English, Swedish does not use the indefinite article in front of titles. English: "She is a̲ teacher".

Gymnasiet – Swedish *gymnasium* corresponds to the last three years of American high school. Not to be confused with the English word "gymnasium"!

Mannen stjäl ju cykeln! – The consonant combination *stj* in *stjäl* represents an sj-sound (see Pronunciation). Note the relationship in spelling to the English word "s̲t̲eal".

Det är väl din cykel? – It is your bicycle, isn't it?

Sverige är inte som USA! – Sweden is not like the USA!

Exercises

1. Write the following numbers in Swedish.

    23   tjugotre

    58   ....

    87   ....

    39   ....

    65   ....

    46   ....

    71   ....

    94   ....

2. In the text of this lesson, underline all verbs in the imperative form. You should find six.

3. Write the Swedish imperative form and the meaning in English of the following verbs.

85

bryta	bryt	break
börja	....	....
cykla	....	....
fråga	....	....
förklara	....	....
hjälpa	....	....
hänga	....	....
komma	....	....
lyfta	....	....
lägga	....	....
läsa	....	....
packa	....	....
prata	....	....
resa	....	....
skratta	....	....
stanna	....	....
stänga	....	....
säga	....	....
titta	....	....
vinka	....	....
visa	....	....
vänta	....	....
äta	....	....

4. Combine the phrases which belong together by writing the equivalent numbers on the dotted lines.

1. Ashley vill	….. inte ta ansvar för människor som stjäl.
2. Margareta vill	….. inte att Ashley ska ropa.
3. Bo vill	….. veta var den tjocka Ashley är.
4. Människorna på gatan vill	….. hjälpa Ashley med svenskan.
5. Julia vill	….. gå ut varje dag.
6. Jesper vill	….. bara stå i ring och titta.
7. Sigge vill	….. lära sig svenska fort.

5. Fill in the missing words.

   – Mer än femton människor står i ……… och tittar.

   – En man bryter upp ………… på en cykel.

   – Ashley förstår att han vill …………… cykeln.

   – Kom! Vi tar ………..! säger Ashley.

   – Ropa inte på …………, säger Julia.

   – ………….., är det din cykel? frågar Bo.

   – Ashley är mycket ………

   – Mannen går ……… människorna i ringen.

   – Det är inte vårt ……….. att han stjäl, förklarar Bo.

   – ………….. ska lära barn att inte stjäla, säger Bo.

6. Answer the following questions with complete sentences.
   – Varför vill Ashley lära sig svenska fort?

- Varför äter familjen Chapman alltid på restaurang?
- Varför säger Ashley till Julia att hon inte förstår engelska?
- Vad gör människorna som står i en ring på gatan?
- Vad gör mannen i centrum på ringen?
- Vad vill Ashley att människorna ska göra?
- Varför blir hon arg?
- Varför vill Bo inte göra något?

7. Repeat the meaning of the following nouns by writing their number on the dotted line of their English equivalent.

1. arbete	9. gata	17. pojke
2. barn	10. golv	18. resväska
3. ben	11. kjol	19. smuts
4. bil	12. kläder	20. sovrum
5. bord	13. klänning	21. stad
6. byxor	14. kväll	22. strumpa
7. flicka	15. lärare	23. trädgård
8. fråga	16. människa	24. tröja

.... bedroom	.... evening	.... question
.... boy	.... floor	.... skirt
.... car	.... garden	.... street
.... child	.... girl	.... sock
.... city	.... job	.... suitcase
.... clothes	.... leg	.... sweater
.... dirt	.... man	.... table
.... dress	.... pants	.... teacher

Lektion 8

Grammatik

Comparison of adjectives

Adjectives appear in three different forms expressing degrees of intensity called positive, comparative and superlative (Example: big, bigger, biggest). Swedish and English have very similar ways of creating these forms.

Short, regular adjectives

Short, regular adjectives form the comparative and superlative forms with the endings -are and -ast. Example:

lätt = light	*lättare* = lighter	*lättast* = lightest
varm = warm	*varmare* = warmer	*varmast* = warmest

To form the definite superlative, add -e. Example:

den varmaste dagen = the warmest day.

Long, regular adjectives

Long adjectives and adjectives ending in -isk apply the words *mer/mera* = more and *mest* = most for comparison. Example:

estetisk = aesthetic, *mer estetisk* = more aesthetic, *mest estetisk* = most aesthetic

förvånad = surprised, *mer förvånad* = more surprised, *mest förvånad* = most surprised

Some irregular adjectives

Some very common adjectives have irregular comparison:

Positive		Comparative		Superlative	
bra	= good	*bättre*	= better	*bäst*	= best
dålig	= bad	*sämre*	= worse	*sämst*	= worst
ung	= young	*yngre*	= younger	*yngst*	= youngest
gammal	= old	*äldre*	= older	*äldst*	= oldest
liten	= small	*mindre*	= smaller	*minst*	= smallest
stor	= big	*större*	= bigger	*störst*	= biggest

Irregular adjectives form the definite superlative by adding an -*a*. However, the ending -*e* is often used in front of obviously masculine nouns. Examples:

Det största huset. Den yngsta kvinnan. Den yngste mannen.

Some words which are not adjectives but are used to express degrees of intensity like the adverb *mycket* (= much, very) and the pronoun *många* (= many) are compared similarly:

mycket	= much	*mer*	= more	*mest*	= most
många	= many	*fler*	= more	*flest*	= most

Considering the climate in Sweden, do I really have to learn "varm, varmare, varmast"?

Glosor

måndag	*Monday*
tisdag	*Tuesday*
onsdag	*Wednesday*
torsdag	*Thursday*
fredag	*Friday*
lördag	*Saturday*
söndag	*Sunday*

dålig, dåligt, dåliga	bad
estetisk, estetiskt, estetiska	aesthetic
program, programmet, program, programmen	program
ung, ungt, unga	young
samma	the same
klass, klassen, klasser, klasserna	class
några	some
annan, annat, andra	other, others
förra	previous
omkring	around
jätte, jätten, jättar, jättarna	giant

ny, nytt, nya .... new
klasskamrat, klasskamraten, klasskamrater,
   klasskamraterna .... classmate
första .... first
över .... over
hem .... home
tillsammans .... together
språk, språket, språk, språken .... language
kille, killen, killar, killarna (slang word) .... guy
namn, namnet, namn, namnen .... name
låta, låter (som) .... sound (like)
ful, fult, fula .... ugly, bad
peka, pekar (på) .... point (at)
rumpa, rumpan, rumpor, rumporna .... bottom, behind
först .... at first
tänka, tänker .... think
sluta, slutar .... stop, end
oj .... oh
stackars .... poor
ingenting .... nothing

Skolan börjar

På måndag börjar skolan. Julia ska gå år två på det estetiska programmet i gymnasiet. Det ska Ashley också göra, men de ska inte gå i samma klass. Framför skolan väntar redan en massa unga människor. Några är äldre än Julia och Ashley, andra är yngre. Fler och fler kommer med buss eller på cykel.

Där står Julias vänner från förra året. De vinkar, och Julia och Ashley går fram till dem. Snart står alla i ring omkring Ashley. När de får veta att hon kommer från USA börjar de prata engelska med henne.

– Prata svenska med mig! säger Ashley. Jag vill lära mig svenska fort, och det går mycket lättare om alla pratar svenska med mig.

– Wow! Hon pratar redan svenska! säger Julias vänner förvånade.

– Ja, mamma läser svenska med henne på kvällarna, och hon lär sig jättefort, säger Julia. Det går bättre och bättre.

Ashley går med sina nya klasskamrater från lektion till lektion. De hjälper henne och visar henne omkring. Hon är glad över att få så många nya vänner redan första dagen, men hon är också förvånad över mycket som inte är som i Kalifornien.

När den första dagen i skolan är över, går Julia och Ashley hem tillsammans.

Julia: Hur är det? Går det bra för dig?

Ashley: Jag förstår inte mycket. Alla pratar så fort, mycket fortare än din mamma när hon har lektion med mig.

Julia: Jag tycker att du lär dig jättefort. Snart förstår du allt. Du måste ha lätt för språk, mycket lättare än jag.

Ashley: Det går en jättedum kille i min klass.

Julia: Ja, det finns så många dumma killar. Varför är killar alltid dummare än vi? Vad gör den där killen för något dumt då?

Ashley: Han säger mitt namn och skrattar!

Julia: Säger han ditt namn? Ashley Chapman?

Ashley: Nej, bara "Ashley". Han säger "Ashley, Ashley" och skrattar.

Julia: Oj! Nu förstår jag! Han säger "Ashley" för att ... ursäkta ... du förstår ... ditt namn kan låta som ett fult ord på svenska för ...

Julia pekar på sin rumpa.

Först blir Ashley arg. Sedan blir hon tyst och allvarlig. Hon tänker några minuter. Sedan skrattar hon.

Ashley: Nu vet jag vad jag ska göra!

Julia: Vad ska du göra?

Ashley: Jag ska förklara för honom vad hans eget namn låter som på engelska! Då slutar han skratta!

Julia: Vad heter han?

Ashley: Han heter Jerker Kock.

Julia: Och? Vad är det på engelska?

Ashley förklarar.

Julia: Oj, oj, oj! Stackars honom. Det är inte bra!

Ashley: Tänk hur det ska gå om han reser till USA! Oj, oj, oj, säger jag bara.

Ashley och Julia skrattar tillsammans.

Comments on the text

Det estetiska programmet – As a complement to basic require-
ments, the aesthetic high school program offers acting, art,
dance, and music.

När de får veta att ... – "When they learn that …", "When they
receive the news that…"

Hon lär sig jättefort – "She is learning super fast". In spoken
Swedish the word *jätte* (= giant) is often used to emphasize the
meaning of an adjective, adverb or noun. It combines to one
word with the word being emphasized.

Hon är förvånad över mycket som inte är som i Kalifornien –
The two *som* have different meanings: "She is surprised by
many things which are not like in California".

Du måste ha lätt för språk – *ha lätt för* means that something
comes easily to you, that you have a talent for something.

Jerker Kock – When visiting a foreign country, be prepared to meet names which may sound ridiculous or even offensive to you. According to the population register there are at present 2 555 adults named *Jerker* and 478 named *Kock* in Sweden.

Hur det ska gå – "What will happen" or "How things will turn out". Literal meaning: "How it will go".

Exercises

1. Make sure you know the days of the week in Swedish by heart.

2. Make sure you know all forms of the eight irregular adjectives from the grammar section of this lesson by heart.

3. Underline all adjectives in the comparative form in the text section of this lesson. You should find ten.

4. Fill in the missing forms of the following adjectives.

– bra	bättre	bäst
– dum	....	....
– dålig	....	....
– glad	....	....
– liten	....	....
– många	....	....
– sur	....	....
– tjock	....	....
– typisk	....	....
– tyst	....	....

5. Answer the following questions with complete sentences.

    –   Vilket program i gymnasiet går Julia och Ashley?

    –   Vilket år går de?

    –   Varför pratar Julias vänner engelska med Ashley?

    –   Varför vill Ashley att de ska prata svenska med henne?

    –   Varför tycker Ashley att Jerker som går i hennes klass är dum?

    –   Vad tänker hon göra så att han slutar skratta?

6. Fill in the missing comparative forms of the adjectives.

    Julia är .... än Jesper. (older)

    Julia säger att pojkar är .... än flickor. (more stupid)

    Ett barn är .... än en man. (lighter)

    Min tröja är .... än din. (warmer)

    En buss är .... än en bil. (bigger)

    Jesper är .... än Julia. (younger)

    Det är .... på kvällen än på dagen. (colder)

7. Fill in the missing superlative forms of the adjectives.

    Lisa är den .... i sin klass. (most good-looking)

    Jerker är .... i sin klass. (most stupid)

    Att cykla är det .... jag vet. (best)

    Jesper är .... i sin familj. (youngest)

    De .... hundar blir glada när de får gå ut. (most)

    Den som alltid skrattar är .... av alla. (happiest)

    Engelska är det .... språket, säger Ashley. (easiest)

8.   Learn and sing this song.

Måndag gör jag ingenting

(apprentice song from the 19th century)

Måndag gör jag ingenting,   ingenting,   ingenting.

Tisdag ser jag mig omkring, mig omkring, mig omkring.

Onsdag går jag ut och vankar,[27] torsdag sitter jag i tankar.[28]

Fredag gör jag vad jag vill,   lördag stundar [29] helgen [30] till.

---

[27] *vanka, vankar* = walk around, promenade (less frequent word)

[28] *tanke, tanken, tankar, tankarna* = thought

[29] *stunda, stundar (till)* = begin, be time for

[30] *helg, helgen, helger, helgerna* = weekend, holiday

Lektion 9

Han går in.
Han går in i huset.

Han är inne.
Han är inne i huset.

Han går ut.
Han går ut ur huset.

Han är ute.
Han är ute ur huset.

Grammatik

Finite and non finite forms of verbs

The predicate is the element which expresses what happens in a clause. It consists of one or more verbs. Only one of these verbs appears in a form which expresses tense (present or past). It is called the finite verb. All other predicate verbs are non-finite and appear in either the infinitive or the participle form.

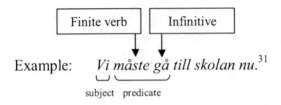

Example: *Vi måste gå till skolan nu.*[31]

subject   predicate

Particle verbs

Some Swedish verbs may combine with a particle (preposition or adverb) which modifies their meaning. In such a particle verb combination, the stress is on the particle, not on the verb.

Examples (stressed word in bold print):

Non-particle verb	Particle verb
tala *(om)* = talk (about)	*tala* **om** = tell
tycka *(om)* = think (about) [32]	*tycka* **om** = like
titta *(på)* = look (at)	*titta* **på** = watch [33]
hälsa *(på)* = say hello (to)	*hälsa* **på** = visit

---

[31] A common mistake among beginning Swedish students is to set both the finite verb and the non finite verb in the present tense, saying "*Vi måste går till skolan nu*". This is wrong and sounds odd for a Swede.

[32] The verb *tycka om* means to "think about" in the sense "have an opinion on".

[33] The particle verb *titta på* cannot have a direct object. It means to "watch" in the sense "stand on the side and watch without participating".

So to get the right meaning I must concentrate on the stress? How stressful!

Glosor

skog, skogen, skogar, skogarna	forest
inne	inside
tala, talar	talk, tell
dit	there
bruka, brukar	use to
korg, korgen, korgar, korgarna	basket
park, parken, parker, parkerna	park
privat, privat, privata	private
mark, marken, marker, markerna	ground
svara, svarar	answer
träd, trädet, träd, träden	tree
växa, växer	grow
grön, grönt, gröna	green
mossa, mossan, mossor, mossorna	moss
sand, sanden (no plural)	sand
aldrig	never
berg, berget, berg, bergen	mountain
röd, rött, röda	red
bär, bäret, bär, bären	berry
lingon, lingonet, lingon, lingonen	lingonberry
sylt, sylten (no plural)	jam
man	(every) one
plocka, plockar	pick
svamp, svampen, svampar, svamparna	mushroom
tält, tältet, tält, tälten	tent
natt, natten, nätter, nätterna	night
förstöra, förstör	ruin, destroy
skräpa, skräpar (ner)	litter
nära, närmare/närmre, närmast/närmst	near, close to
blå, blått, blå/blåa	blue

blåbär, blåbäret, blåbär, blåbären	blueberry
nosa, nosar	sniff
spår, spåret, spår, spåren	foot print, track
djur, djuret, djur, djuren	animal
björn, björnen, björnar, björnarna	bear
varg, vargen, vargar, vargarna	wolf
lodjur, lodjuret, lodjur, lodjuren	lynx
älg, älgen, älgar, älgarna	moose
mygga, myggan, myggor, myggorna	mosquito

I skogen

Alla i familjen Lundström tycker om skogen. Nej, inte alla. Missan vill inte gå till skogen. Hon vill stanna inne eller i trädgården. Julia och Jesper då? De går med till skogen om de inte har något bättre att göra. Men den som tycker mest om skogen är Sigge. Han blir mycket glad redan när familjen talar om skogen och han förstår att de tänker gå dit.

Den här dagen cyklar familjen tillsammans till skogen, också Ashley. I Kalifornien brukar hon bara cykla i parken på söndagarna för att det är roligt. I Sverige cyklar människor för att komma till skolan eller till arbetet eller som den här dagen till skogen. Sigge sitter i en stor korg på Bos cykel. Snart är de framme. Där står nu deras cyklar, och själva går de in i skogen.

– Får vi gå här? frågar Ashley. Är inte skogen privat mark?

– Nej, alla får gå här, svarar Margareta.

– Då måste den här skogen vara en park, säger Ashley.

Hon tittar sig omkring. Där finns många träd, och på marken växer tjock, grön mossa.

– Så små träden är i Sverige, säger Ashley. I Kalifornien är de mycket större, men där växer det inte mossa på marken. Där finns bara sand.

– Finns det skog i Kalifornien? frågar Julia förvånad. Där regnar det ju aldrig.

– Det finns skog på bergen. Från vårt hus kan man se ett berg som heter Mount Lassen. Där växer det mycket skog.

– Regnar det aldrig i Kalifornien? frågar Jesper. Där vill jag bo. Här regnar det alltid!

– Om några år kan du komma till oss som utbytesstudent, säger Ashley och skrattar.

Så pekar Ashley på något.

– Vad är det för röda bär som växer där, frågar hon.

– De där? Det är lingon, säger Bo.

– Går de att äta? frågar Ashley.

– Ja. De är sura, men det går bra att göra sylt av dem.

– Men får man plocka dem? Är det inte att stjäla?

– Nej, det är det inte! I Sverige finns det något som heter "Allemansrätten". Den säger att alla får gå i skogen. Man får plocka bär och svamp. Man får bo i tält en natt. Men man får inte förstöra eller skräpa ner. Och man får bara gå i skogen, inte nära människors hus eller i deras trädgårdar.

Ashley är mycket förvånad.

– I USA är all mark privat, säger hon. Den som har marken blir arg om man går på hans mark. Man får bara gå i parker. Sverige är inte som USA!

– Jag tycker inte om att plocka bär! säger Jesper. Inte lingon och inte blåbär.

– Nej, du brukar mest stå och titta på, säger Margareta. Det hjälper inte om skogen är blå av blåbär. Men du äter sylten.

Nu stannar Sigge och nosar i mossan. Det måste vara ett spår av något djur.

– Finns det några stora djur här i skogen? frågar Ashley.

– Av de stora djuren är det mest älgar man ser, säger Bo. Det ska finnas björnar, vargar och lodjur i Värmland [34] också, men dem ser vi aldrig. De ser väl oss, men vi ser inte dem. De aktar sig för oss.

– Bra. Då måste jag inte akta mig för dem, säger Ashley. Jag gör ju inte dem något, så då gör väl inte de mig något?

– Så kan du väl inte säga! säger Jesper. Jag gör inte myggorna något, men titta bara vad myggorna gör mig!

Omkring Jesper är det fullt av myggor, som bara väntar på att få börja äta på honom.

---

[34] Värmland is the name of a province in western Sweden on the border to Norway. Karlstad is the capital of Värmland.

Comments on the text

Om några år – In a few years

Allemansrätten – "Every man's right", a common law that regulates the access to nature.

Man får plocka bär och svamp – The nouns *bär* and *svamp* can be used in singular as collective words for all kinds of berries and mushrooms.

Lingon – A red berry much appreciated in jam, somewhat like a cranberry but smaller.

Det hjälper inte om ... – No matter if ...

Jag gör ju inte dem något – I don't do them any harm

Exercises

1. Underline the stressed word (verb or particle) in the following Swedish sentences. Then read the sentences aloud.

   – *Vad tycker du om skolan?* = What's your opinion of school?

   – *Tycker du om skolan?* = Do you like school?

   – *Du måste hälsa på familjen Lundström!* = You must pay a visit to the Lundström family!

   – *Kom in och hälsa på min bror!* = Come in and say hello to my brother!

   – *Vad tittar du på?* = What are you looking at?

   – *Jag står bara och tittar på.* = I'm just watching.

   – *Tala om vad du tycker om att tala om!* = Tell me what you like to talk about!

2. Fill in the missing main verbs.

   – Jesper vill inte .... bär. (pick)

   – Måste jag .... ut med Sigge? (take for a walk)

   – Ska vi .... till skolan? (ride the bicykle)

   – Jag kan inte .... några björnar. (see)

   – Jesper vill .... i Kalifornien. (live)

   – Man får inte .... i skogen. (litter)

   – Kan du .... in Sigge i korgen? (lift)

3. Write the Swedish word for the following 20 adjectives?

angry	arg	old	....
bad	....	red	....
big	....	serious	....
cold	....	silent	....
common	....	small	....
fat	....	stupid	....
glad	....	sulky	....
good-looking	....	ugly	....
light	....	warm	....
new	....	young	....

4. Answer the following questions with complete sentences.

   – Vem i familjen Lundström tycker bäst om skogen?

   – Hur kommer Lundströms och Ashley till skogen?

   – Varför säger Ashley att skogen måste vara en park?

   – Vad säger Allemansrätten att man får göra i skogen?

   – Vilka stora djur finns det i skogen i Värmland?

   – Vilka djur är det som vill äta på Jesper?

5. What surprises Ashley the most about the Swedish forests?
   Supply the missing words to find out!

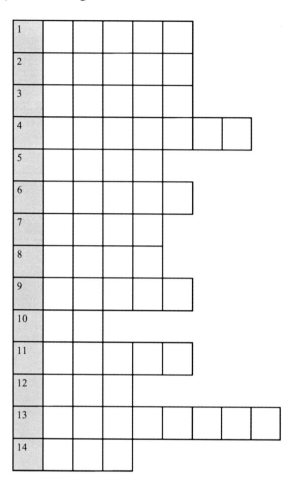

1 – Julia säger att det .... regnar i Kalifornien.

2 – I Värmland finns det älgar, björnar, vargar och ....

3 – .... är sura bär men de går bra att göra sylt av.

4 – Julias klasskamrater vill prata .... med Ashley.

5 – I skogen i Sverige växer det .... på marken.

6 – Margareta cyklar till sitt ....

7 – Sigge .... på alla spår i skogen.

8 – I skogen kan man plocka bär och ....

9 – "Här .... det alltid!" säger Jesper.

10 – Myggorna väntar på att få börja .... på Jesper.

11 – .... är större i Kalifornien än i Sverige.

12 – Man får sova en natt i .... i skogen i Sverige.

13 – Julia och Ashley går på gymnasiets ...... program.

14 – Är "Sigge" ett bra .... på en hund?

6. Translate the following sentences to Swedish.

- Animals like bears, wolves, and lynx usually live in the forest.

- Margareta wants to pick blueberries but Jesper doesn't.

- One must not litter in the forest or in the parks.

- Bo picks mushrooms but Sigge only sniffs them.

- In the forest one can see tracks of moose in the moss.

- Sigge wants to visit the forest, but he doesn't want to say hello to the wolves.

7. Learn and sing this song.

Greta har en katt
(children's song)

---

[35] *tur, turen* = luck (no plural), What luck!

[36] *skulle* = would (form of the verb ”*ska*”)

Lektion 10

Vad är klockan?

Klockan är tre.

Klockan är fem över tre.

Klockan är tio över tre.

Klockan är kvart över tre.

Klockan är tjugo över tre.

Klockan är fem i halv fyra

Klockan är halv fyra

Klockan är fem över halv fyra

Klockan är tjugo i fyra

Klockan är kvart i fyra

Klockan är tio i fyra

Klockan är fem i fyra

The time

The expressions of time on the two preceding pages are used in everyday conversations. To avoid misunderstandings you may add any of the following phrases:

på morgonen	= in the morning (before about 9 a.m.)
på förmiddagen	= in the morning (about 9 a.m. to 12 a.m.)
på eftermiddagen	= in the afternoon (about 12 a.m. to 6 p.m.)
på kvällen	= in the evening (about 6 p.m. to 10 p.m.)
på natten	= at night (about 10 p.m. to 5 a.m.)

In written and frequently also in spoken Swedish you will find times expressed according to the 24-hour clock. The expressions "a.m." and "p.m." are not used in Swedish.

Examples:

Klockan är 15.00 (read: "femton" or "femton noll noll")

Klockan är 15.05 (read: "femton och noll fem")

Klockan är 15.30 (read: "femton och trettio")

Grammatik

Passive form of verbs
In most clauses the subject is the active part. In passive clauses, however, the subject is exposed to the action. In Swedish the predicate verb in passive clauses takes on a special, passive form ending in *-s*. To obtain the passive form of a verb in the present tense, replace the ending *-ar* with *-as* and *-er* with *-s*.[37] To obtain the passive form of a verb in the infinitive form, just add an *-s* to the infinitive.

Example of active clause:

Ashley packar resväskan = Ashley packs the suitcase

---

[37] One syllable verbs just replace -r with -s. Example: *jag ser, jag ses.*

Examples of passive clauses:

Resväskan packas av Ashley = The suitcase is packed by Ashley

Resväskan lyfts av Bo = The suitcase is lifted by Bo

Resväskan ska lyftas av Bo = The suitcase will be lifted by Bo

A few Swedish verbs always appear in the passive form although they have an active meaning. One of those you have already come across a number of times: *det finns* = there is/there are. The literal sense of *det finns* is "there is found".

Adjectives vs. adverbs

An adjective describes a quality of a noun. Example:

The girl is beautiful.

    Noun   Adjective

An adverb describes a quality of an adjective, a verb or another adverb. Examples:

The girl is unusually beautiful.

    Adverb   Adjective

The girl sings beautifully.

    Verb   Adverb

The girl sings unusually beautifully.

    Adverb   Adverb

In English most adjectives are turned into adverbs by adding the ending *-ly*. In Swedish the equivalent ending is *-t*.

Ashley är arg. (= angry)

    Noun   Adjective

"Vad menar du? frågar Ashley argt. (= angrily)

    Verb   Adverb

113

So adding an s makes an
active verb passive?
I must learn that actively.

Glosor

klocka, klockan, klockor, klockorna	clock, watch
kvart, kvarten, kvartar, kvartarna	quarter
halv, halvt, halva	half
morgon, morgonen, morgnar, morgnarna	early morning
förmiddag, förmiddagen, förmiddagar, förmiddagarna	late morning
eftermiddag, eftermiddagen, eftermiddagar, eftermiddagarna	afternoon
fortfarande	still
kvar	still there, remain
kantarell, kantarellen, kantareller, kantarellerna	chanterelle
gul, gult, gula	yellow
giftig, giftigt, giftiga	poisonous
leta, letar	search
löv, lövet, löv, löven	leaf
hitta, hittar	find
samlas	gather
tid, tiden, tider, tiderna	time
lunch, lunchen, luncher, luncherna	lunch
direkt, direkt, direkta	direct
sittunderlag, sittunderlaget, sittunderlag, sittunderlagen	seat pads
alls	at all
nästan	almost
olika	differently
behöva, behöver	need

duscha, duschar .... shower
kissa, kissar .... pee
toalett, toaletten, toaletter, toaletterna .... toilet
mellan .... between
tillbaka .... back
borta .... away, gone
sort, sorten, sorter, sorterna .... kind, sort
svart, svart, svarta .... black
vit, vitt, vita .... white
kort, kort, korta .... short
grävling, grävlingen, grävlingar,
grävlingarna .... badger

Vem finns bakom trädet?

Ashley och familjen Lundström är fortfarande kvar i skogen.

– Vad är det för svampar vi ska plocka? frågar Ashley.

– Kantareller, säger Bo. De är gula och växer många tillsammans. Vi plockar andra svampar också, men du måste veta vad du plockar. Det finns svampar som är mycket giftiga.

Alla letar. Det är inte lätt för det finns många gula löv som ser ut som kantareller. Bo är den förste som hittar några kantareller.

– Här finns kantareller, säger han.

Alla samlas omkring Bo. Ashley måste titta för att lära sig hur de ser ut. Snart hittar hon flera.

– Här är en! Och här är en till!

Snart är korgen nästan full, men då är klockan också kvart över två på eftermiddagen och det är tid för lunch.

– Man kan inte sitta direkt på marken, förklarar Margareta. Det är för kallt för rumpan. Här får ni sittunderlag.

Alla sitter i ring på marken och äter. Myggorna samlas omkring dem, och det är lätt att se vem myggorna tycker bäst om.

Det är Jesper. Omkring Margareta, Julia
och Ashley samlas inte så många och
omkring Bo nästan inga alls.

– Varför samlas alla myggorna omkring
Jesper, frågar Ashley. Tycker de mera
om pojkar än om flickor?

– Nej, så kan det inte vara, säger Bo. Det är ju flera myggor på
Margareta än på mig.

– De tycker väl att jag är snyggare än du, skrattar Margareta.

– Då måste Jesper vara snyggast av alla, säger Ashley och skrattar hon också.

– Jag vill inte vara snygg! Jag tycker inte om myggor! säger Jesper surt. Pappa kan vara glad. Det är inte många myggor på honom.

– Då måste Sigge vara gladast av alla, säger Julia. Det är inte så mycket som en mygga på honom. Bara han nu inte blir sur för att myggorna tycker att han är ful.

– Nej, det har inte att göra med vem som är snygg och vem som är ful, säger Margareta allvarligt. Det är bara olika från människa till människa. Myggor tycker mer om några än om andra.

Efter lunchen går familjen för att plocka mera svamp. De hittar några här och några där. Men så stannar Ashley.

– Jag behöver gå till badrummet, säger hon.

Alla tittar förvånat på henne.

– Badrummet? Du får duscha när vi kommer hem, säger Bo.

– Jag måste gå till badrummet nu, säger Ashley.

Då förstår Margareta.

– Du vill säga att du behöver kissa? I Sverige frågar vi efter toa-
letten, inte efter badrummet. Men det finns inga toaletter i sko-
gen. Du får gå bakom ett träd.

Ashley går bort mellan träden.

– Titta inte, ropar hon.

Familjen står kvar och väntar. Efter några minuter kommer Ash-
ley tillbaka. Hon ser glad ut.

– Det finns ett djur där borta bakom trädet, säger hon. Kanske är
det någon sorts hund. Men nu är den borta. Den aktar sig för
människor.

– Hur ser den ut? frågar Bo. Är den stor eller liten?

– Den ser ut nästan som en ... vad heter det på svenska ... en
"racoon", svart och vit men tjockare och med kortare ben.

– Då är det en grävling, säger Bo.

– Finns det många grävlingar i Värmland, frågar Ashley.

– Ja då, grävlingar är vanliga djur. De finns i skogen men också i
städerna. Det bor grävlingar inne i Karlstad, men normalt är de
bara ute på natten. Grävlingar är ...

– Nej, ni får prata mera om grävlingar en annan dag, säger Mar-
gareta. Nu tycker jag vi går hem. Klockan är fyra, korgen är full
med svamp, och snart är vi flera som måste "gå till badrummet".

Comments on the text

är fortfarande kvar i skogen – are still in the forest

Många gula löv som ser ut som kantareller – The expression *se ut som* means "look like".

Bo är den förste – The numerals *första* (first) and *andra* (second) often change their ending to an *-e* when referring to an obviously masculine noun.

Alla samlas omkring Bo – Everybody gathers around Bo. The verb *samlas* has passive form but active meaning.

Det är lätt att se vem myggorna tycker bäst om – It is easy to see whom the mosquitoes like the best. It is correct to say both *tycka mycket/mera/mest om* and *tycka bra/bättre/bäst om*.

Kanske är det någon sorts hund – Maybe it is some kind of a dog.

Ja då – Oh yes

Exercises

1. Rewrite the following sentences in passive form.

    Bo plockar kantareller.   Kantareller plockas av Bo.

    Alla äter lunch.   ....

    Julia tittar på myggorna   ....

    Ashley ser en grävling   ....

2. Complete the following sentences.

    Vad är det? frågar Ashley ....(serious)

    Vad är det? frågar Ashley...............................(seriously)

    Vad är det? frågar alla ....(serious)

    Vad är det? frågar alla ....(seriously)

3. Write the time in Swedish as in the example!

Kvart över tre

Femton och femton

....

....

....

....

....

....

....

....

....

....

....

....

4. Write the words for the different times of the day.

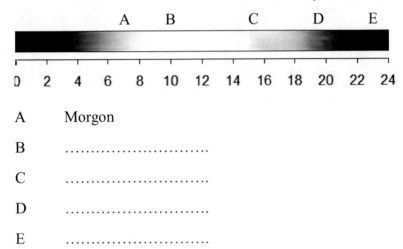

A   Morgon

B   ....

C   ....

D   ....

E   ....

5. Repeat the following adverbs by combining them with their English equivalent.

1. alls	.... almost
2. borta	.... at all
3. fortfarande	.... away
4. kvar	.... back
5. nästan	.... differently
6. olika	.... still
7. tillbaka	.... still there, remain

6. What would you like to experience hiking in a Swedish forest? Write a short paragraph in Swedish (100-200 words).

Lektion 11

ett huvud

ett hår

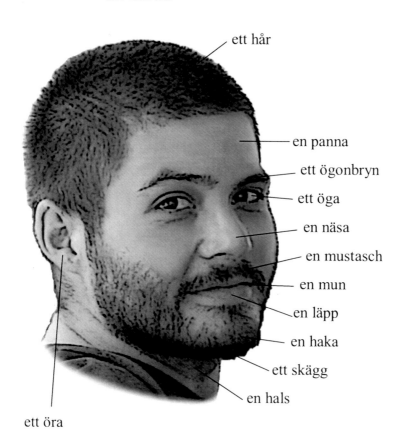

en panna

ett ögonbryn

ett öga

en näsa

en mustasch

en mun

en läpp

en haka

ett skägg

en hals

ett öra

Grammatik

Straight or reverse word order?

Each clause normally contains a subject (noun or pronoun expressing who is acting) and a predicate (one or more verbs expressing what is happening). A main clause is a clause which by itself can function as a complete sentence, as opposed to a sub-clause which requires a main clause to complete the sentence.

Example: *Jag förstår inte vad du säger.*

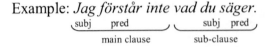

In both of the above clauses the subject precedes the predicate. This is known as "straight" word order. If the subject is placed after the predicate, the word order is known as "reverse".

Generally, straight word order is used. However, reverse word order is used in

– main clauses initiated by a word other than the subject.
    Example: *Nu förstår jag.*[38]

– main clauses preceded by a sub-clause or a quotation.
    Example: *När du förklarar, förstår jag,*
       sub-clause   main clause

– most main clauses expressing questions.
    Example: *Förstår du vad jag säger?*

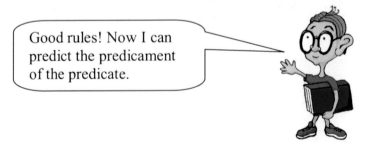

Good rules! Now I can predict the predicament of the predicate.

---

[38] A common mistake among beginning Swedish students is to say "*Nu jag förstår*", which is wrong and sounds odd.

Glosor

ansikte, ansiktet, ansikten, ansiktena .... face
haka, hakan, hakor, hakorna .... chin
hals, halsen, halsar, halsarna .... neck
huvud, huvudet, huvuden, huvudena .... head
hår, håret (no plural) .... hair
läpp, läppen, läppar, läpparna .... lip
mun, munnen, munnar, munnarna .... mouth
mustasch, mustaschen, mustascher,
mustascherna .... moustache
näsa, näsan, näsor, näsorna .... nose
panna, pannan, pannor, pannorna .... forehead
skägg, skägget, skägg, skäggen .... beard
öga, ögat, ögon, ögonen .... eye
ögonbryn, ögonbrynet, ögonbryn, ögonbrynen ..... eyebrow
öra, örat, öron, öronen .... ears

inte ens .... not even
höra, hör .... hear
penna, pennan, pennor, pennorna .... pencil
papper, pappret, papper, pappren .... paper
rita, ritar .... draw
skriva, skriver .... write
sätta, sätter .... put
vägg, väggen, väggar, väggarna .... wall
vilken, vilket, vilka .... what, which
konstig, konstigt, konstiga .... strange
plural/pluralis .... plural
undra, undrar .... wonder
använda, använder .... use
glasögon, glasögonen (no singular) .... glasses
kvinna, kvinnan, kvinnor, kvinnorna .... woman
hen .... he/she
noga .... accurately
riktig, riktigt, riktiga .... real, correct
viss, visst, vissa .... certain
feminist, feministen, feminister, feministerna .... feminist
nästa .... next
igen .... again

123

sucka, suckar... sigh
skaka, skakar... shake
rektor, rektorn, rektorer, rektorerna.................... principal
bajsa, bajsar .... poo
tja .... well

Ansiktet på toaletten

– Nu kan jag mer än tre hundra ord på svenska, men det finns så många ord som jag inte kan, säger Ashley en dag.

– Jag tycker du kan jättemånga ord, säger Julia.

– Nej, jag vet inte ens vad "eyes" och "ears" heter på svenska! Det är dåligt!

Margareta hör vad flickorna talar om.

– Det ska jag hjälpa dig med, säger hon.

Och så tar hon en penna och ett papper och ritar ett ansikte. Sedan skriver hon orden för ögon, öron, näsa och mun.

– Jag sätter upp ansiktet på väggen på toaletten, så kan du titta på det när du är där, säger hon till Ashley.

– Jättebra! Tack så mycket, säger Ashley.

När Ashley kommer från toaletten ser man att hon tänker på något.

– Vilken konstig plural "öga" och "öra" har! säger hon. Det finns väl inga andra ord som har plural på -on?

– Nej, det är en gammal plural som används när det finns två av något och inte flera. Men den finns bara kvar just

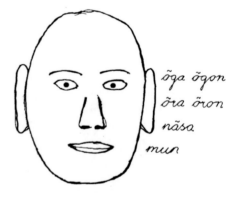

öga ögon
öra öron
näsa
mun

för orden "ögon" och "öron", förklarar Margareta. Hon är ju
lärare i svenska, så hon vet mycket om ord.

Samma eftermiddag säger
Ashley:

– Nu har ansiktet på toaletten
glasögon!

– Ja, det är väl bra? säger
Margareta. Nu kan du ordet
"glasögon" också! Och så kan
ansiktet se mycket bättre nu.

– Är det inte bäst om det inte
kan se oss när vi är på toalet-
ten? skrattar Julia.

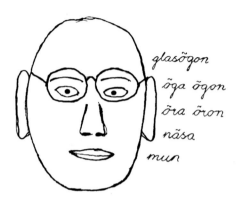

På kvällen, när Ashley kommer från toaletten, säger hon:

– Nu har ansiktet hår också, men man kan inte se om det är en
man eller en kvinna.

– Varför frågar du om ansiktet är en kvinna eller en man? undrar
Julia. Det behöver man inte veta. Vi kan säga "hen" om det. An-
siktet kanske inte vill vara en "hon" eller en "han".

– "Hen"? Vad är det? undrar
Ashley.

– Du ska inte använda det ordet,
säger Bo. Det är inget riktigt
ord.

– Det är det väl visst det! säger
Julia argt. När man inte vill säga
om någon är kvinna eller man
säger man "hen".

– Det är bara feminister som
säger "hen", säger Bo.

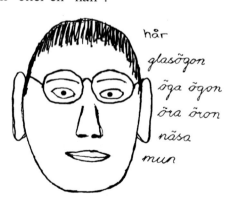

– Det är det inte alls! säger Julia. Det är bara du som är dum, pappa! Dum och efter din tid!

Nästa morgon kommer Ashley från toaletten och ser förvånad ut.

hår

glasögon

öga ögon

öra öron

näsa

mun

skägg

– Nu har ansiktet skägg, säger hon.

– Vad? Alla tittar förvånat på henne.

– Jag tycker att ansiktet är mycket bättre nu, förklarar Bo. Nu behöver man inte fråga sig om det är en man eller en kvinna. Nu vet man att man kan säga "han" om det. Och så kan Ashley ordet för skägg, och det är också bra. Och det är snyggt att ha skägg, tycker jag.

Julia suckar. Margareta skakar på huvudet.

På eftermiddagen när Ashley och Julia kommer hem från skolan, går Ashley på toaletten igen. När hon kommer ut säger hon:

– Ansiktet är borta! Var är det?

– Vad då? Är ansiktet borta? frågar alla förvånat.

– Det är inte jag, säger Julia. Pappa, är det du?

– Nej, varför frågar du det? Jag tycker det är ett snyggt ansikte nu när det har skägg.

– Jesper! Kom! ropar Julia.

Jesper kommer in.

– Var är ansiktet på toaletten? frågar hon.

Jesper säger inget, men han blir röd i ansiktet.

– Varför vill du inte ha ansiktet kvar på väggen på toaletten? frågar Margareta.

Jesper vill inte se henne i ögonen. Han är tyst en minut. Sedan säger han:

– Nu när ansiktet har skägg ser det ut som vår rektor. Han är dum! Jag tycker inte om honom. Och jag kan väl inte ha en rektor som tittar på mig när jag bajsar!

– Var är ansiktet nu då? Har du det i ditt sovrum?

– Nej, det har jag inte!

– Var är det då? undrar Margareta.

– Tja, vad gör man med papper på toaletten! säger Jesper.

Comments on the text

Tack så mycket! – Thanks a lot!

används – passive form of *använder*

Hen – Gender neutral, personal pronoun first suggested in 1966. The purpose was to introduce a pronoun for situations where gender is unknown, irrelevant or secret. After much discussion "hen" will be included in the Swedish Academy Glossary of 2015 and thereby officially acknowledged as a Swedish word.

Det är det väl visst det! – For sure it is!

Dum och efter din tid! – (You are) stupid and lagging behind!

Exercises

1. Explain why the reverse word order is used in the following sentences.

   <u>Behöver Sigge</u> gå ut nu?

   Som du förstår <u>behöver Sigge</u> gå ut nu.

Kom Sigge! Vi går ut, <u>säger Bo</u>.

Nu <u>behöver Sigge</u> gå ut!

2. Place the words in parenthesis on the dotted lines. Motivate your choice of straight or reverse word order.

.... svenska med Ashley (Margareta, läser)

Nu .... många ord. (Ashley, kan)

Hur många ord ....? (Ashley, kan)

.... ett riktigt ord? ("hen", är)

.... ett riktigt ord. ("hen", är)

Ashley säger att .... skägg. (ansiktet, har)

Skägg är snyggt! .... (Bo, säger)

3. Match each of the following Swedish words with its English equivalent.

1. ansikte	...... beard
2. haka	...... chin
3. hals	...... eye
4. huvud	...... eyebrow
5. hår	...... ear
6. läpp	...... face
7. mun	...... forehead
8. mustasch	...... hair
9. näsa	...... head
10. panna	...... lip
11. skägg	...... moustache
12. öga	...... mouth
13. ögonbryn	...... neck
14. öra	...... nose

4. Translate the following sentences to Swedish.

   - The face in the bathroom has eyes, ears, a nose and a mouth.

   - Now the face has glasses, hair, and a beard too.

   - Jesper thinks that it looks like his principal.

   - Jesper doesn't like his principal.

   - Jesper doesn't want the face to look at him.

   - "Where is the face?" mother asks.

   - Jesper turns red in the face.

5. Answer the following questions with complete sentences.

   - Hur många ord kan Ashley nu på svenska?

   - Vet du hur många ord du själv kan på svenska?

   - Hur hjälper Margareta Ashley att lära sig orden för ögon, öron, näsa och mun?

   - Vad heter "öga" och "öra" i plural?

   - Varför har just de två orden så konstig plural?

   - Vem ritar glasögon på ansiktet på toaletten?

   - Vem ritar hår på ansiktet?

   - Vem ritar skägg på ansiktet?

   - Varför tycker Bo att man inte ska använda ordet "hen"?

   - Vad tycker Julia om ordet "hen"?

   - Varför vill Bo att ansiktet ska ha skägg?

   - Vem tar bort ansiktet från toaletten?

   - Varför tar hen bort det?

6. In this lesson Bo insinuates that his daughter is a ... what?
   Supply the missing words to find out!

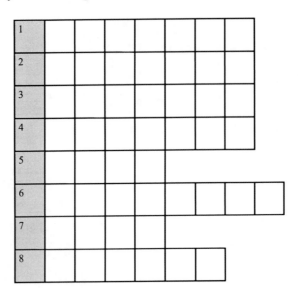

1 – Man reser lättast från USA till Sverige med ....

2 – I Kalifornien pratar de flesta familjer ....

3 – Hår som växer på läppen på en man heter ....

4 – Den som gör en .... frågar mycket.

5 – Glasögon sitter på ....

6 – ”Måndag gör jag ...., ..., ...,”

7 – Bo tycker det är snyggt med ....

8 – Människor från USA säger ”badrum” där människor från
    Sverige säger ....

Lektion 12

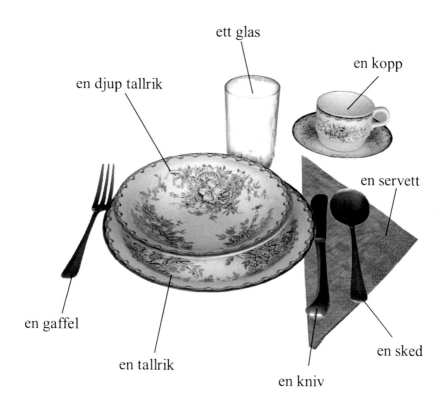

ett glas

en kopp

en djup tallrik

en servett

en gaffel

en tallrik

en kniv

en sked

Grammatik

Location of the negation *inte*

As mentioned in lesson 11, each clause normally contains a sub-ject (noun or pronoun) and a predicate (one or more verbs). Only one of the predicate verbs, the <u>finite verb</u>, appears in a form which expresses tense (present or past). All other predicate verbs appear in either the infinitive or the participle form.

Examples (finite verbs underlined):

Missan går ut nu. Missan vill gå ut nu.
  subj   pred   subj   pred

Negations like *inte* and *aldrig* are generally (but not always) placed according to the following rules:

1. In <u>main clauses with straight word order</u> the negation is placed directly after the finite verb. Examples (finite verbs underlined):

   Missan går inte ut nu. Missan vill inte gå ut nu.

2. In <u>main clauses with reverse word order</u> the negation is placed directly after the subject. Examples:

   Nu går Missan inte ut. Nu vill Missan inte gå ut.

3. In <u>sub-clauses</u> the negation is placed directly before the finite verb. Examples (finite verbs underlined):

   Jag vet att Missan inte går ut nu.

   Jag vet att Missan inte vill gå ut nu.
     Main clause   Sub-clause.

Words like *väl*, *nog* and *kanske*, which modify the degree of probability of the statement, generally appear directly before the negation. Example (finite verbs underlined):

Missan går nog inte ut nu. Missan vill nog inte gå ut nu.

Why are Swedes so picky about their word order? I never even think of my word order in English.

Glosor

tallrik, tallriken, tallrikar, tallrikarna .... plate
djup, djupt, djupa .... deep
djup tallrik .... bowl
glas, glaset, glas, glasen .... glass
kopp, koppen, koppar, kopparna .... cup
kniv, kniven, knivar, knivarna .... knife
gaffel, gaffeln, gafflar, gafflarna .... fork
sked, skeden, skedar, skedarna .... spoon
servett, servetten, servetter, servetterna .... napkin

internationell, internationellt, internationella ...... international
middag, middagen, middagar, middagarna .... dinner, noon
i dag/idag .... today
problem, problemet, problem, problemen .... problem
fixa, fixar .... fix, arrange
säng, sängen, sängar, sängarna .... bed
kök, köket, kök, köken .... kitchen
snäll, snällt, snälla .... kind, please
påse, påsen, påsar, påsarna .... bag
kylskåp, kylskåpet, kylskåp, kylskåpen .... refrigerator
koka, kokar .... boil
potatis, potatisen, potatisar, potatisarna .... potato
hacka, hackar .... chop
lök, löken, lökar, lökarna .... onion
varandra .... each other
laga, lagar .... prepare
mat, maten (no plural) .... food
mexikansk, mexikanskt, mexikanska .... Mexican
burk, burken, burkar, burkarna .... can

fisk, fisken, fiskar, fiskarna	fish
öppna, öppnar	open
fy	ugh, phew
surströmming, surströmmingen,	
surströmmingar, surströmmingarna	sour herring
lukta, luktar	smell
illa	bad
nog	probably
baka, bakar	bake
bröd, brödet, bröd, bröden	bread
soppa, soppan, soppor, sopporna	soup
chili, chilin (no plural)	chili pepper
tro, tror	believe, think
rulla, rullar	roll
dukad, dukat, dukade	set (table)
person, personen, personer, personerna	person
olik, olikt, olika	different
sallad, salladen, sallader, salladerna	salad
god, gott, goda	good
smaka, smakar	taste
efteråt	afterwards

En internationell middag

– Vi äter alltid samma mat, säger Bo en dag. Jag ska göra något annat till middag i dag. Det ska inte bli det gamla vanliga.

– Jag kan inte hjälpa dig, säger Margareta. Jag måste vara med på ett möte efter skolan. Jag kommer hem omkring klockan sex.

– Inget problem, säger Bo. Jag fixar middagen till klockan sex.

Så cyklar Bo och Margareta till arbetet. Julia, Ashley och Jesper tar sina cyklar till skolan. Sigge lägger sig i Bos och Margaretas säng. Det får han inte, men nu är det ingen som ser honom. Missan sitter i trädgården och väntar på … vad? Ja, det kan man inte veta. Missan är ju en katt.

Klockan kvart över tre kommer Julia och Ashley hem från skolan tillsammans med Ricardo. På bordet i köket finns ett papper. Det är från Bo. Han skriver:

Jag måste vara kvar på arbetet till klockan sex. Snälla Julia och Ashley, kan ni fixa middagen? Allt ni behöver finns i en påse i kylskåpet. Koka potatisen och hacka löken.

Pappa

Julia, Ashley och Ricardo tittar på varandra.

– Jag är inte bra på att laga mat, säger Julia.

– Jag kan laga mexikansk mat, säger Ricardo.

– Jag kan också laga mat, säger Ashley. Vi har ju restaurang!

De tittar i kylskåpet. Där finns bara en påse med små potatisar, några lökar och en burk med fisk.

– Det är inte mycket, säger Ashley.

135

– Kom så öppnar vi burken, säger Ricardo. Vi måste se vilken sorts fisk det är.

När de öppnar burken, luktar det mycket konstigt.

– Fy, fisken måste vara dålig, säger Ashley.

– Nej, jag förstår vad det är, säger Julia. Det är surströmming. Det är en konstig sorts fisk från norra Sverige. Den ska lukta illa. Man äter den med potatis, lök och bröd. Det är bara pappa som tycker om den. Vi andra går ut när han äter surströmming.

– Jag tycker inte att den luktar så illa, säger Ricardo. Jag kan nog göra mexikansk soppa av den.

– Ja, och så bakar jag bröd till den, säger Ashley glatt.

– Har ni någon chili? undrar Ricardo.

– Nej, jag tror inte vi har någon chili i huset, säger Julia.

Nu kommer Sigge in i köket. Han nosar och nosar.

– Vill han äta fisken, frågar Ashley?

– Nej, jag ser på honom att han vill rulla sig i den, säger Julia.

– Det får han inte! säger Ricardo. Jag går hem efter chili. Jag kan ta med mig Sigge så får han gå ut.

– Bra, säger Julia.

Just då kommer Jesper hem.

– Vad är det som luktar så illa? ropar han så snart han kommer in i huset. Sigge bajsar väl inte inne nu igen?

– Nej, det är vi som lagar mat, förklarar Julia.

– Fy, jag tänker inte äta er mat, säger Jesper. Den luktar inte bra! Den är nog giftig!

– Vänta bara ska du få se, säger Ashley.

När Margareta och Bo kommer hem klockan sex, luktar det inte alls illa i huset. Det luktar bröd och mexikansk soppa och så något annat … kan det vara surströmming? Bordet är dukat för sex personer. Soppan står på bordet varm och röd. Brödet är vitt. Där finns tre olika sallader och mycket mera. Alla äter, till och med Jesper.

– Det finns nog ingen annan som kan laga surströmming som du! säger Margareta till Ricardo. Soppan är jättegod! Det här är en riktigt internationell middag.

– Ja, visst smakar den gott, men jag tycker bäst om att äta surströmming med potatis och lök, säger Bo. Och så ska det lukta surströmming i huset i tre dagar efteråt!

Comments on the text

Jag är inte bra på att laga mat – *bra på* = good at, *laga mat* = cook (literally: prepare food)

vilken sorts fisk – what kind of fish

Har ni någon chili? – Do you have any chili peppers?

Sigge bajsar väl inte inne nu igen? – Most questions have reverse word order (predicate before subject): *Bajsar Sigge inne nu igen?* = "Is Sigge pooing indoors now again?" Phrasing the question with the questioning particle *väl* as in the present text, however, calls for straight word order (subject *Sigge* before predicate *bajsar*). The particle *väl* has the same function as adding "is he?" in English, so the translation would be "Sigge isn't pooing indoors now again, is he?"

Det luktar bröd – If you smell bread, you say in Swedish: "*Det luktar bröd*". If you smell something else than bread but the smell reminds you of bread, you say: "*Det luktar som bröd*". In both cases the English equivalent is "It smells like bread".

Visst smakar den gott – It certainly does taste good

i tre dagar – for three days

Exercises

1. Explain the position of *inte* in the following sentences.

   – Det ska inte bli det gamla vanliga.

   – Jag kan inte hjälpa dig.

   – Det får han inte.

   – Det kan man inte veta.

   – Jag är inte bra på att laga mat.

   – Det är inte mycket.

   – Jag tycker inte att den luktar så illa.

   – Jag tror inte vi har någon chili i huset.

   – Sigge bajsar väl inte inne nu igen?

   – Jag tänker inte äta er mat.

   – När Margareta och Bo kommer hem, luktar det inte alls illa i huset.

2. Where would you place *inte* in the following sentences? Supply the number which *inte* would have if the words of the sentence were numbered 1, 2, 3 ...

   – Jesper äter surströmming. ....

   – Jesper vill äta surströmming. ....

   – Får Jesper äta surströmming? ....

   – Jesper säger att han vill äta surströmming. (place two *inte*) .... and ....

   – I dag äter Jesper surströmming. ....

   – I dag vill Jesper äta surströmming. ....

3. Imagine a Swede having dinner. Supply the correct noun in Swedish including the indefinite article.

– What does he eat his soup out of? …………..…………

– What does he eat his soup with? ……………………….

– What does he eat his main dish from? ...………………..

– What does he hold in his right hand? …………………

– What does he hold in his left hand? ……………………

– What does he drink his milk from? ……………………..

– What does he drink his coffee from? ………………….

4. Translate the following sentences to Swedish.

   – Bo wants to eat sour herring.

   – Julia and Jesper do not want to eat sour herring.

   – Jesper thinks that sour herring smells bad.

   – Bo doesn't think that sour herring smells bad.

   – Ricardo thinks that sour herring doesn't smell bad.

   – Ricardo's soup doesn't smell like sour herring.

   – Bo doesn't like that it doesn't smell like sour herring.

5. Answer the following questions with complete sentences.

   – Varför vill Bo laga middag?

   – Varför kan Margareta inte hjälpa honom?

   – Vilka är det som får laga middagen?

   – Vem är bra på att laga mat och vem är inte bra på det?

   – Vad finns det i påsen i kylskåpet?

   – Vad vill Ricardo laga av surströmmingen?

   – Vad säger Jesper när han kommer in?

   – Vad gör Ashley när Ricardo lagar soppa?

- Hur luktar det i huset när Bo och Margareta kommer hem?

- Äter alla av soppan?

- Vad säger Margareta om soppan?

- Vad säger Bo om soppan?

- Varför heter det "Soppan är <u>god</u>" men "Soppan smakar <u>gott</u>?"

6. Learn and sing this song.

En konstig sång [39]

---

[39] *sång, sången, sånger, sångerna* = song

Lektion 13

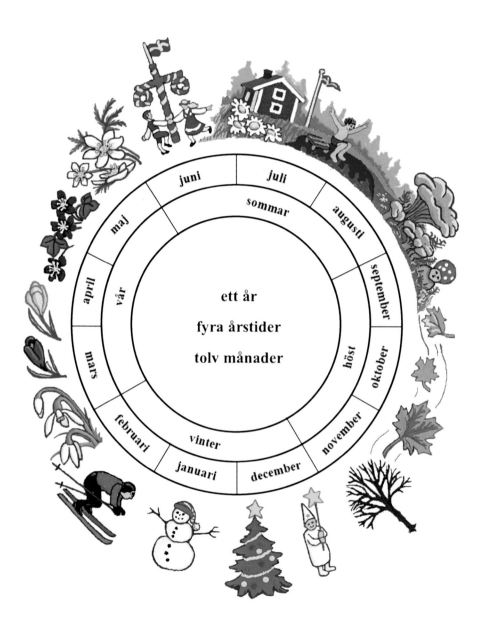

Grammatik

Different ways to phrase a question

Many questions are initiated by a question particle (adverb or pronoun) like *hur, när, var, varför, vem* or *vilken* followed by a main clause with reverse word order (predicate before subject).
Example:

Hur reser du till Stockholm?   *Jag tar tåget.*

Questions without an initial questioning particle normally also have reverse word order. Example:

Tar du tåget till Stockholm?   ⎰ *Ja, det gör jag.*
(Are you taking the train …?)   ⎱ *Nej, det gör jag inte.*

An alternative way of phrasing a question is to use straight word order (subject before predicate as in a statement) combined with the questioning particle *väl*. Examples:

Du tar väl tåget till Stockholm?   ⎰ *Ja, det gör jag.*
(You'll take the train … won't you?)   ⎱ *Nej, det gör jag inte.*

*Du tar väl **inte** tåget till Stockholm?*   ⎰ ***Jo**, det gör jag.*
(You won't take the train … will you?)   ⎱ *Nej, det gör jag inte.*

Please, note that a positively phrased question requires *Ja* or *Nej* for an answer. A negatively phrased question (containing *inte*) requires ***Jo*** or *Nej* for an answer.

> Good! Now I don't have to ask how to ask.

Glosor

årstid, årstiden, årstider, årstiderna	season
vår, våren, vårar, vårarna	spring
sommar, sommaren, somrar, somrarna	summer
höst, hösten, höstar, höstarna	fall
vinter, vintern, vintrar, vintrarna	winter
månad, månaden, månader, månaderna	month
januari	January
februari	February
mars	March
april	April
maj	May
juni	June
juli	July
augusti	August
september	September
oktober	October
november	November
december	December

slut, slutet, slut, sluten	end
himmel, himlen, himlar, himlarna	sky
grå, grått, grå/gråa	grey
ljus, ljust, ljusa	bright
läxa, läxan, läxor, läxorna	homework
bok, boken, böcker, böckerna	book
jo	yes
var (past tense of 'vara')	was
guide, guiden, guider, guiderna	guide
berätta, berättar	tell, inform
leva, lever	live, be alive

levde (past tense of 'leva')	lived
känd, känt, kända	well-known
poet, poeten, poeter, poeterna	poet
dikt, dikten, dikter, dikterna	poem
utan	but
utan	without
liv, livet, liv, liven	life
rast, rasten, raster, rasterna	break
korridor, korridoren, korridorer, korridorerna.	corridor
sång, sången, sånger, sångerna	song
lång, långt, långa	long
jacka, jackan, jackor, jackorna	jacket
musiklärare, musikläraren, musiklärare, musiklärarna	music teacher
åt	to, at, for
köra, kör	drive
förbi	past, by
hand, handen, händer, händerna	hand
hata, hatar	hate
hög, högt, höga	high, loud
jude, juden, judar, judarna	Jew
rasist, rasisten, rasister, rasisterna	racist
ljud, ljudet, ljud, ljuden	sound
betyda, betyder	mean, signify
fel	wrong

Ashley i skolan

Det är höst och slutet på november. Himlen är grå, och det regnar morgon, middag och kväll. Dagarna blir kortare och kortare, och det blir också kallare. Snart kommer vintern. Men i skolan går det bättre och bättre för Ashley. Där inne är det ljust och varmt, och hon börjar förstå det mesta av vad lärarna och klasskamraterna säger. På kvällarna hjälper Margareta henne med läxorna, och hon lär sig mycket av det. Margareta är själv lärare på Sundstagymnasiet, Ashleys och Julias skola, men hon har inte Ashleys klass.

Just nu slutar Ashleys lektion i svenska. Alla andra går ut, men läraren vinkar till sig Ashley.

– Kom, Ashley! Du ska få en extra läxa av mig. Du vet väl inte vem det här är? Hon visar Ashley en bok. På boken finns ett ansikte. Det är en man med vitt skägg.

Gustaf Fröding

– Jo, det vet jag, säger Ashley. Det är Gustaf Fröding. Jag var med familjen i hans hus i Alster. Det finns guider där som visar huset och berättar om hans liv. Jag vet att han levde 1860 till 1911 och att han var en av Sveriges mest kända poeter.

– Vad bra! Då vet du redan mycket om honom. Jag vill att du ska läsa några av hans dikter. Han är mest känd för sina roliga dikter. De här två är inte roliga utan allvarliga. De är från slutet av hans liv. Här vill han skriva om livet som det är, djupt inne i oss, utan många ord.

På rasten sätter sig Ashley i korridoren och läser.

Gråbergssång

av Gustaf Fröding

Stå
grå,
stå
grå,
stå
grå,
stå
grå,
stå
grå-å-å-å.
Så är gråbergs gråa sång
lå-å-å-å-å-å-å-å-å-ng.

Oj, det var en grå dikt, tänker Ashley. Hon tittar ut. Där är det
också grått. Varför skriver han om gråa berg? Varför skriver han
inte om gröna skogar med röda lingon och gula kantareller? Det
finns det ju så många i Värmland. Så läser hon nästa dikt.

Jag är

av Gustaf Fröding

Jag är
Jag är jag
Jag är det jag är
Jag är icke [40] mer än jag är
Jag är allt det jag är
Jag är icke mindre än jag är
Jag är icke det jag icke är
Jag är helt och hållet [41] jag

---

[40] *icke* is an old form of *inte*.

[41] *helt och hållet* = all together, completely

Tänk att Fröding behöver skriva om vem han är när han är gammal, säger Ashley till sig själv. Är det inte mest när man är ung som man undrar vem man är? Det vet man väl när man är gammal?

Hon tar på sig tröjan och jackan för att gå ut till sina klasskamrater. Just då kommer hennes musiklärare Mårten förbi. Hon vinkar åt honom.

– Mårten! När kan jag få en privat lektion av dig? Jag ser att du är full i dag, men kan du inte ta mig på torsdag?

Mårten tittar allvarligt på henne och säger:

– Ashley, du vet väl att vi lärare aldrig får vara fulla på arbetet?

Sedan skrattar han och säger:

– Vi kan ha lektion på torsdag klockan kvart över tio. Går det bra för dig?

– Ja, tack! Det blir bra.

Just när Mårten ska gå, säger han:

– Och så är det bra om du aktar dig för att säga till en man att han ska "ta" dig. Det kan förstås som … ja, som något som jag inte tror att du vill säga.

Så går han. Vad vill han säga? Nu förstår hon. Fy, vad mycket som kan bli fel på ett nytt språk!

Äntligen kommer Ashley ut från skolan. Var är hennes klasskamrater? Hon ser dem stå i ring långt borta nära gatan och prata med varandra. Kan de kanske hjälpa henne att förstå Frödings dikter? Hon går fram till dem, men just när hon öppnar munnen för att fråga, kör en buss förbi på gatan. Ingen hör vad hon säger. Hon sätter händerna för öronen och ropar:

– Jag hatar höga judar!

Klasskamraterna tittar förvånat på henne. Vad vill hon säga? Hon är väl inte rasist? Men så skrattar en av dem.

– Nu förstår jag, säger han. Du vill säga att du hatar höga ljud. "Sound" heter "ett ljud, flera ljud". Ordet "en jude, flera judar" betyder "Jew". Akta dig så att du inte säger fel på det! Då kan det gå illa för dig.

Nu skrattar alla, Ashley också. Det här måste hon berätta för Margareta!

Comments on the text

All the mistakes and misunderstandings in the above text are authentic. They happened to exchange students who stayed with our family.

ljus, ljust, ljusa – Don't pronounce the *l*!

Ashley förstår det mesta av vad lärarna säger – The word *mesta* (= most) is a so-called definite superlative of the adjective *mycken* (= much).

vinka till sig – beckon

1860 till 1911 – Read *artonhundrasextio till nittonhundraelva*.

en av Sveriges mest kända poeter – The word *känd* (= known) functions as an adjective but is actually the perfect participle of the verb *känna* (= know). Perfect participles create their comparative and superlative form by using *mer/mera* and *mest* rather than by applying endings.

Gråbergssång – Song of the gray mountain (title of poem)

Tänk – Imperative form of the verb *tänka*.

Jag ser att du är full i dag – The adjective *full* can mean both "full" and "drunk".

Det går inte – It is not possible

ljud – Don't pronounce the *l*!

Exercises

1. Say the names of the months aloud in Swedish.

2. Say the names of the seasons aloud in Swedish.

3. Underline the subject (noun or pronoun) and the predicate (finite verb) in the following questions. Which of the questions have straight word order? Why?

    –   Vet du vem …?

    –   Varför skriver han om gråa berg?

    –   Är det inte mest …?

    –   När kan jag få en privat lektion av dig?

    –   Kan du inte ta mig på torsdag?

    –   Du vet väl att …?

    –   Vad vill han säga?

    –   Var är hennes klasskamrater?

    –   Kan de kanske hjälpa henne?

    –   Hon är väl inte rasist?

4. To which of the following questions would you answer *Ja*
   and to which would you answer *Jo*?
   - Talar du engelska?
   - Du talar väl engelska?
   - Du talar väl inte engelska?

5. Try to find opposites to the following adjectives among the
   words you have learned so far.
   - bra   ....
   - liten   ....
   - lång   ....
   - normal   ....
   - ny   ....
   - rolig   ....
   - snygg   ....
   - sur   ....
   - svart   ....
   - ung   ....
   - varm   ....

6. Try to find opposites to the following adverbs among the
   words that you have learned so far.
   - alltid   ....
   - bort   ....
   - fram   ....
   - framför   ....
   - här   ....
   - illa   ....
   - inne   ....
   - nu   ....

7. Ten of the following thirty verbs have the present tense ending in -er. Underline them!

akta	bruka	förklara	hjälpa	lukta
bajsa	börja	förvåna	kissa	lyfta
baka	cykla	hacka	koka	låta
behöva	duka	heta	laga	lägga
berätta	duscha	hinna	leta	läsa
betyda	fixa	hitta	leva	nosa

8. Ten of the following thirty nouns are ett-nouns. Underline them!

ansikte	björn	bröd	cykel	fisk
barn	blus	burk	dag	flicka
ben	blåbär	buss	dikt	fot
berg	bok	byrå	djur	fråga
bil	bord	bär	dörr	gata
binda	bror	chili	familj	glas

9. Write the comparative and superlative forms of the following adjectives.

bra	bättre	bäst
dålig	....	....
gammal	....	....
god	....	....
grön	....	....
hög	....	....
liten	....	....
lång	....	....

ny	....	....
stor	....	....
tjock	....	....
ung	....	....
varm	....	....

10. In this lesson Ashley needs the help of her classmates to understand something ... what? Supply the missing words to find out!

1					
2					
3					
4					
5					
6					
7					
8					
9					
10					
11					
12					

1 – I Frödings hus i Alster finns det .... som visar huset och berättar om hans liv.

2 – I lektion 11 tycker Jesper att ansiktet på toaletten ser ut som hans ....

3 – Sommaren är en grön ....

4 – När Julia frågar efter en toalett, frågar Ashley efter ett ....

5 – Våren kommer .... vintern.

6 – I november .... det morgon, middag och kväll.

7 – I Sverige äter man med kniv och ....

8 – Också i Sverige blir det .... varje år.

9 – Julia, Ashley och Jesper cyklar till ....

10 – .... har tolv månader.

11 – Efter kvällen kommer ....

12 – Det finns svamp som man inte kan äta för att den är ....

Lektion 14

En cyklande hund

En gående katt

Grammatik

Present participle

The present participle is a form of the verb. It is created by adding an ending to the infinitive. In English this ending is -*ing*. In Swedish the ending is -*nde* for verbs ending their infinitive in -*a*. For most other verbs, the ending is -*ende*. Examples:

Infinitive	Present participle
att cykla	*cyklande* = bicycling
att resa	*resande* = traveling
att gå	*gående* = walking
att se	*seende* = seeing

Just like in English, the Swedish present participle may serve several purposes. It may function as:

1. **an adjective** describing a noun. Example:

   Lisa är blind (= blind) *men Olof är seende.*

2. **an adverb** modifying a verb. Example:

   Bo kommer gående mellan träden.

3. **a noun** naming an activity. Example:

   Med allt mitt resande sitter jag mycket på tåget.

   In this case the present participle is an ett-noun: *ett resande, resandet* (no plural)

4. **a noun** naming the performer of an activity. Example:

   På tåget finns många resande.

   In this case the present participle is an en-noun with irregular plural: *en resande, resanden, resande, resandena.*[42]

---

[42] Many Swedes confuse the definite form singular with the indefinite form plural. You may hear the train conductor call for *"Nya resanden"*, when the grammatically correct expression must be *"Nya resande"*.

Glosor

advokat, advokaten, advokater, advokaterna .... lawyer
artist, artisten, artister, artisterna .... stage artist
bagare, bagaren, bagare, bagarna .... baker
frisör, frisören, frisörer, frisörerna .... hair dresser
författare, författaren, författare, författarna .... author
ingenjör, ingenjören, ingenjörer, ingenjörerna .... engineer
konstnär, konstnären, konstnärer, konstnärerna .. artist
läkare, läkaren, läkare, läkarna .... doctor
präst, prästen, präster, prästerna .... priest, pastor
sjuksköterska, sjuksköterskan, sjuksköterskor,
   sjuksköterskorna .... nurse
veterinär, veterinären, veterinärer,
   veterinärerna .... veterinarian

lussekatt, lussekatten, lussekatter, lussekatterna .. Santa Lucia roll
enda .... only
Tyskland .... Germany
Italien .... Italy
ge, ger .... give, offer
början (both definite and indefinite, no plural) .... beginning
gärna, hellre, helst .... gladly
hemma .... at home
knappast .... hardly
emot .... against
lite .... a little, some
oh .... oh
hos .... at, with
både .... both
deg, degen, degar, degarna .... dough
recept, receptet, recept, recepten .... recipe, prescription
mobil, mobilen, mobiler, mobilerna .... cell telephone
jäst, jästen (no plural) .... yeast
socker, sockret (no plural) .... sugar
mjölk, mjölken (no plural) .... milk
smör, smöret (no plural) .... butter
mjöl, mjölet (no plural) .... flour
saffran, saffranen or *saffranet* (no plural) .... saffron
ägg, ägget, ägg, äggen .... egg
russin, russinet, russin, russinen .... raisin

sak, saken, saker, sakerna ....thing
bild, bilden, bilder, bilderna...............................picture
runt ....around
bit, biten, bitar, bitarna....................................piece
tå, tån, tår, tårna..toe
förstås ....of course
svår, svårt, svåra ....difficult
universitet, universitetet, universitet,
   universiteten ....university
sjunga, sjunger ....sing
under...under
städa, städar..clean up
medan..while
grädda, gräddar ....bake

Baka lussekatter

Ashley är inte den enda utbytesstudenten i Karlstad. Bara på hennes skola finns det två till, Karin från Tyskland och Marta från Italien. Alla tre går i olika klasser men har extra svenska tillsammans. Det är lektioner som skolan ger bara för utbytesstudenter. En dag i början på december kommer Karin fram till Ashley på rasten och frågar:

– Kan inte jag få komma hem till er och baka lussekatter? I min familj är det ingen som bakar, och jag vill så gärna lära mig att baka lussekatter.

Ashley vet inte vad hon ska svara. Hon måste fråga hemma först. Men hon tror knappast att Margareta har något emot lite extra bakande i Lundströms kök.

Nästa dag säger Ashley till Karin:

– Det är OK att du kommer hem till oss och bakar lussekatter. På lördag klockan tre blir bra för oss. Marta kan komma också.

– Oh, så roligt, säger Karin. Ska jag ta med något?

– Nej, det tror jag inte du behöver, säger Ashley. Allt som behövs finns redan hemma.

På lördagseftermiddagen samlas flickorna hemma hos Lundströms. Julia har med sig Ricardo också. Om han kan koka så god soppa, så kan han nog baka lussekatter också! Och det behövs någon som är bra på att baka, för de unga måste fixa bakandet själva. Bo och Margareta är inte hemma. De är ute på stan med några vänner.

– Vad ska ni göra? frågar Jesper, när han ser alla i köket. Ska ni göra läxor?

– Nej, vi ska baka lussekatter, förklarar Ashley.

– Då vill jag vara med! Jag ska bara gå ut med Sigge först. Jag är snart tillbaka, ropar Jesper. Sigge är redan ute på gatan.

– Typiskt! säger Julia. Han vill nog mest vara med och äta, både av degen och av lussekatterna.

– Hur gör man lussekatter? säger Karin undrande. Är det någon som vet?

– Jag vet inte hur man gör, säger Julia. Vet inte du, Marta? Lucia kommer ju från Italien?

– Det är nog inte samma Lucia i Sverige som i Italien, tror Marta. Lucia i Italien bakar inte lussekatter.

– Kanske din pappa har en påse i kylskåpet med allt som behövs? säger Ricardo skrattande. Det kanske ska vara surströmming i lussekatterna också?

– Nej, det ska det inte, säger Julia argt. Nu tycker hon inte att Ricardo är rolig, bara dum.

– Det finns nog recept på Internet, tror Ashley. Jag ska titta. Hon tar fram sin mobil. Här är ett. Låt mig se. Vi behöver jäst och socker och mjölk och smör och mjöl och saffran. Och så behöver vi ägg och russin också. Har ni allt det hemma?

– Det tror jag nog, säger Julia. Hon börjar ta fram sakerna på bordet. Här är mjölk och här är jäst. Smöret står där. Socker och mjöl kommer här. Vad var det mera som behövs?

– Saffran och ägg och russin.

Julia måste leta några minuter efter saffran, men snart står allt som behövs på bordet.

Jesper och Sigge är snart tillbaka. Sigge nosar på alla och är glad. Och han blir inte mindre glad när han hittar både lite smör och lite ägg på golvet. Ashley visar bilder på olika sorters lussekatter på sin mobil. Alla samlas runt bordet med var sin bit av degen. De tittar på bilderna, rullar sina degbitar, äter av dem, skrattar högt och stjäl deg från varandra.

– Men vad är det du bakar, Jesper? frågar Marta. Det ser ju ut som en fot.

– Det är prästens tår, förklarar Jesper.

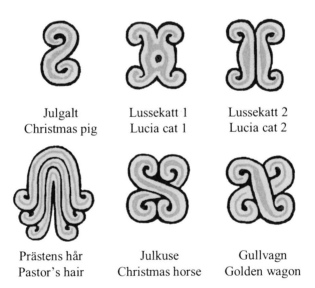

| Julgalt | Lussekatt 1 | Lussekatt 2 |
| Christmas pig | Lucia cat 1 | Lucia cat 2 |

| Prästens hår | Julkuse | Gullvagn |
| Pastor's hair | Christmas horse | Golden wagon |

– Kan du inte läsa? säger Julia. Det ska vara prästens hår, inte prästens tår!

– Oj, jag tycker bilden i Ashleys mobil ser mera ut som en fot, säger Jesper. Men det förstås, den har ju sex tår.

– Det ser du väl att det är hår, säger Ricardo för att hjälpa Julia. Om du låter ditt hår växa lite längre, kommer du att se ut just så själv. Du kanske ska bli präst när du blir stor?

– Nej, det tänker jag inte bli, säger Jesper surt.

– Vad vill du bli då? undrar Karin. Jesper är tyst en minut.

– Helst vill jag bli veterinär, säger han sedan. Jag tycker om djur, både hundar och katter.

– Det behöver du inte tala om, säger Ricardo. Alla kan se att du tycker om katter, ja, det vill säga lussekatter.

– Men jag kan nog inte bli veterinär, suckar Jesper.

– Varför inte? undrar Karin.

– Det är många som vill bli det, så det är jättesvårt att komma in.

– Så får du inte säga, säger Karin. Om du vill bli veterinär, så ska du gå in för att bli det. Jag vill bli läkare, och det är knappast lättare.

– Läkare? Det vill jag inte bli, säger Julia. Läkare har så mycket ansvar.

– Vad vill du bli då? undrar Karin.

– Jag vill bli lärare. Men inte i svenska som mamma. Jag vill bli musiklärare.

– Tror du att lärare har mindre ansvar då?

– Lärare har förstås också ansvar, men det hänger inte på läraren om någon i klassen lever till nästa dag eller inte.

– Då är det Marta och Ashley och jag kvar då, säger Ricardo. Vad vill du bli, Marta?

– Jag tycker om språk, så jag tänker läsa det på universitetet. Sedan får vi se vad jag blir. Kanske lärare.

– Och du då, Ashley?

– Pappa vill att jag ska bli advokat, och mamma vill att jag ska bli sjuksköterska. Själv vill jag helst bli artist. Jag tycker så mycket om att sjunga, lägger hon till ursäktande.

– Stå på dig! säger Karin. Du ska bli vad du själv vill bli.

– Men du då, Ricardo? undrar Julia.

– Jag vet inte, säger Ricardo. Det finns så mycket som är roligt. Jag går ju det bild-estetiska programmet på gymnasiet, och mina lärare tycker att jag ska bli konstnär. Men jag tycker också om att skriva. Kanske kan jag bli författare?

– Jag tycker du ska bli frisör, säger Jesper. Titta vad snyggt ditt "prästens hår" är!

Nu kommer Bo hem.

– Margareta kommer snart, säger han. Oj, vad gör ni? Bakar ni lussekatter? Får jag också vara med?

161

Bo får en bit deg och står snart i ringen av unga runt bordet. Han tycker det är roligt att baka. Ingen av hans lussekatter ser ut som bilderna på Ashleys mobil, men de är riktigt snygga och alla är olika varandra. Karin och Marta tittar noga på för att lära sig.

– Vad tror du han har för arbete? säger Marta tyst till Karin. Visst måste han vara bagare?

Bo hör vad Marta frågar och svarar själv:

– Nej, jag är ingenjör, men vi ingenjörer får ta hand om alla sorters problem på arbetet, så varför inte lussekatter också?

När ingen ser det ger Jesper en bit deg åt Sigge under bordet. Just då kommer Margareta in. Hon blir stående i dörren och bara tittar. Hon ser att mjölken står framme, att det finns mjöl på golvet och att Sigge äter deg under bordet. Hon ser inte glad ut.

– Du får inte ge Sigge deg! säger hon argt till Jesper. Deg är inte bra för hundar. Det är giftigt för dem.

– Där hör ni, säger Jesper. Mamma är inte bara lärare. Hon är polis också!

Alla skrattar glatt. Och så hjälper de till att städa och duka bordet medan lussekatterna gräddas.

Comments on the text

lussekatt – a kind of roll baked only for the Santa Lucia celebration the 13 of December. *Lusse* is short for Santa Lucia.

jag vill gärna ... – I would love to ...

lite bakande – some baking

lördagseftermiddagen – Saturday afternoon. As you already know, compound nouns are written without separating blanks in Swedish. However, as is the case in *lördagseftermiddagen*, an *s* may appear between the parts of the word.

hemma hos Lundströms – in the Lundström home. The final genitive *s* in *Lunströms* implies that a word, probably *familj*, has been left out.

på stan – in town. *Stan* is short for *staden*.

degbit – compound noun of *deg* and *bit*.

men det förstås – but then of course, on the other hand. The word *förstås* is the passive form of the verb *förstå* (= understand) and literally means "is understood". However, pronounced with a short *å*, it functions as an adverb meaning "of course".

Helst vill jag bli – Most of all I want to be. *Helst* is the superlative of the adverb *gärna*.

det vill säga – that is to say. *det vill säga* is often abbreviated *dvs.* or *d.v.s.*

jättesvårt – extremely difficult

komma in – be accepted at a school or university

gå in för – focus on, aim at

lägger hon till ursäktande – she adds apologetically (*lägga till* = add)

Stå på dig! – Don't back down! Don't give in!

det bild-estetiska programmet – The art specialization of the aesthetic high school program

ta hand om – take care of

i dörren – in the doorway

mjölken står framme – the milk is on the table, i.e. not in the refrigerator

Hon ser inte glad ut – She does not look happy. *Se ut* is a so-called particle verb, which means that the particle *ut* is stressed.

Exercises

1. In the text of this lesson, underline all verbs which are in the present participle form. In all you should find 6.

2. Combine the phrases that belong together by writing the equivalent numbers on the dotted lines.

1. Ashley kan	..... ta hand om alla sorters problem.
2. Bo kan	..... ge Sigge deg under bordet.
3. Jesper vill	..... nosa på alla.
4. Julia vill inte	..... lära sig att baka lussekatter.
5. Karin vill	..... ha surströmming i degen.
6. Margareta vill inte	..... koka god soppa.
7. Marta vill	..... att Sigge ska äta deg.
8. Ricardo kan	..... hitta recept på Internet.
9. Sigge vill	..... läsa språk på universitetet.

3. Answer the following questions with complete sentences.
   - Varför vill Karin komma hem till Lundströms?
   - Varför väntar Ashley till nästa dag med att säga ja?
   - Är det några flera än Karin som kommer till Lundströms för att baka? Vilka?
   - Varför blir Sigge glad när han kommer in i köket?
   - Var hittar Ashley receptet på lussekatter?
   - Vad behöver man för att göra deg till lussekatter?
   - Varför frågar Ricardo Jesper om han tänker bli präst?
   - Varför vill Jesper bli veterinär?
   - Varför vill Ashley bli artist?
   - Varför får hundar inte äta deg?

4. Ten of the following thirty verbs have the present tense ending in -er. Underline them!

packa	ropa	sluta	sätta	vinka
peka	rulla	städa	tala	visa
plocka	sitta	stänga	titta	vänta
prata	skaka	sucka	tycka	växa
resa	skratta	svara	tänka	äta
rita	skriva	säga	undra	öppna

5. Ten of the following thirty nouns are ett-nouns. Underline them!

golv	hund	jäst	kopp	lingon
guide	hus	katt	korg	liv
haka	huvud	kille	korridor	ljud
hall	hår	kjol	kvart	lodjur
hals	höst	klass	kväll	lunch
hand	jacka	kniv	kök	lås

6. Learn and sing the following two songs by Alice Tegnér.[43]

Baka, baka kaka!

Baka, baka ka- ka![44] Vem ska kakan sma- ka?

Det ska far [45] och det ska mor [46], lilla syster, store bror.

---

[43] Alice Tegnér (1864 – 1943) was a Swedish music teacher, poet and composer, acknowledged mostly for her children's songs.

[44] *kaka, kakan, kakor, kakorna* = cake, cookie

[45] *far/fader, fadern, fäder, fäderna* = father

[46] *mor/moder, modern, mödrar, mödrarna* = mother

Ska det bli till fle- ra, får vi baka me- ra.

Sockerbagaren [47]

En socker- ba- gare här bor i sta-den, han bakar

ka- kor mest hela da- gen. Han bakar

sto- ra, han bakar små, han bakar

någ- ra med socker på.

---

[47] *Sockerbagare* (= sugar baker) is an old term for a baker of pasteries.

Lektion 15

ett barn + en cykel → en barncykel

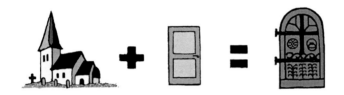

en kyrka + en dörr → en kyrkdörr

en pojke + en sko → en pojksko

en människa + en hand → en människohand

ett gymnasium + en lärare → en gymnasielärare

ett blåbär + en skog → en blåbärsskog

Grammatik

Compound nouns
In Swedish two or more nouns are frequently combined to form what is called a compound noun, which is written as one word without separating spaces. The last word in such a combination decides the gender (*en* or *ett*) and the plural ending of the compound noun. Example:

en problemhund, problemhunden, problemhundar, problemhundarna = a problematic dog

ett hundproblem, hundproblemet, hundproblem, hundproblemen = a dog problem

To ease the combination, the end of the first word is sometimes modified. An unstressed *-a* or *-e* may be dropped or replaced by another vowel. Also, an *s* may be inserted. Examples:

flicka + cykel → *flickcykel*

pojke + cykel → *pojkcykel*

kvinna + ansikte → *kvinnoansikte*

man + ansikte → *mansansikte*

There is no limit to the length of a compound noun as long as the combination makes sense.

So if I have a special recipe for the bread I serve with my afternoon coffee in December, it would be my "*decemberefter-middagskaffebrödsrecept*"?

The ordinal numbers 1-100

första	first	*elfte*	eleventh
andra	second	*tolfte*	twelfth
tredje	third	*trettonde*	thirteenth
fjärde	fourth	*fjortonde*	fourteenth
femte	fifth	*femtonde*	fifteenth
sjätte	sixth	*sextonde*	sixteenth
sjunde	seventh	*sjuttonde*	seventeenth
åttonde	eighth	*artonde*	eighteenth
nionde	ninth	*nittonde*	nineteenth
tionde	tenth	*tjugonde*	twentieth
tjugoförsta	twenty-first	*trettioförsta*	thirty-first
tjugoandra	twenty-second	*trettioandra*	thirty-second
tjugotredje	twenty-third	...	...
tjugofjärde	twenty-forth	*fyrtionde*	fortieth
tjugofemte	twenty-fifth	*femtionde*	fiftieth
tjugosjätte	twenty-sixth	*sextionde*	sixtieth
tjugosjunde	twenty-seventh	*sjuttionde*	seventieth
tjugoåttonde	twenty-eighth	*åttionde*	eightieth
tjugonionde	twenty-ninth	*nittionde*	ninetieth
trettionde	thirtieth	*hundrade*	hundredth

Glosor

jul, julen, jular, jularna ....Christmas
fira, firar ....celebrate
stjärna, stjärnan, stjärnor, stjärnorna ....star
linne, linnet, linnen, linnena ....gown
krona, kronan, kronor, kronorna ....crown
ljus, ljuset, ljus, ljusen ....candle, light
spetsig, spetsigt, spetsiga ....pointed
hatt, hatten, hattar, hattarna ....hat

kör, kören, körer, körerna [48] .... choir
springa, springer .... run
förlåta, förlåter .... forgive
vadå .... what
innan .... before
aula, aulan, aulor, aulorna .... assembly hall
mörk, mörkt, mörka .... dark
släcka, släcker .... turn off the light
sist .... last
sista .... last
ställa, ställer .... put, place
tända, tänder .... turn on the light
sal, salen, salar, salarna .... hall, room
choklad, chokladen (no plural) .... chocolate
sol, solen, solar, solarna .... sun
ner .... down
horisont, horisonten, horisonter, horisonterna .... horizon
advent .... Advent
dekoration, dekorationen, dekorationer,
  dekorationerna .... decoration
köpa, köper .... buy
julklapp, julklappen, julklappar, julklapparna ..... Christmas present
gran, granen, granar, granarna .... fir tree
tomte, tomten, tomtar, tomtarna .... Santa Claus
julafton, julaftonen, julaftnar, julaftnarna .... Christmas Eve
TV .... television
kyrka, kyrkan, kyrkor, kyrkorna .... church
nyttig, nyttigt, nyttiga .... useful, healthy
lov, lovet, lov, loven .... holiday (from school)
kram, kramen, kramar, kramarna .... hug
långkalsonger, långkalsongerna (no singular) ..... Long-Johns
rulle, rullen, rullar, rullarna .... roll

---

[48] In the word *kör* the *k* is pronounced as an English *k* although it is located at the beginning of a word and is followed by a soft vowel.

Lucia och jul

Den trettonde december firas Lucia i Sverige. Då kommer lucia-tåg med Lucia, tärnor [49] och stjärngossar [50] på många olika plat-ser både hemma, i skolan och på arbetet. Alla i luciatåget har vita linnen. Först går Lucia med en krona av ljus i håret. Sedan kommer tärnor med ljus i händerna och stjärngossar med höga, spetsiga hattar på huvudet. Alla i luciatåget sjunger gamla lucia-sånger.

Också på Sundstagymnasiet ska det bli luciafirande. Skolkören ska vara luciatåg. Men vem ska vara Lucia? Det måste vara en flicka som sjunger riktigt bra. Musikläraren säger att alla i kören ska skriva namnet på den de vill ha som Lucia på ett papper och ge det till honom. Alla är tysta medan de skriver. När läraren får pappren läser han tyst på dem och lägger sedan varje namn för sig. Till slut säger han:

– Nu kan jag tala om vem som ska bli årets Lucia. Det är Ash-ley. Det blir väl ditt första luciafirande, Ashley? Det är bra om ni andra berättar för henne vad hon ska göra och hjälper henne med lucialinnet och ljusen. Nu sjunger vi alla luciasångerna ...

När Ashley ska gå hem från skolan den dagen, kommer någon springande efter henne på gatan. Hon tittar bakom sig och får se att det är Jerker Kock. Han är röd i ansiktet.

– Ashley, säger han. Så roligt att du ska vara skolans Lucia i år!

– Ja, det tycker jag också, säger Ashley.

De går tillsammans en minut utan att någon säger något. Sedan säger Jerker allvarligt:

– Det är en sak som inte är bra.

---

[49] *tärna, tärnan, tärnor, tärnorna* (old word) = maid

[50] *gosse, gossen, gossar, gossarna* (old word) = boy

– Vadå? undrar Ashley.

– Att jag var dum och skrattade åt ditt namn första dagen i skolan.

– Det gör inget. Det tänker jag aldrig på nu.

– Förlåter du mig då?

– Ja, det gör jag. Tänk inte mera på det!

Jerker ser lite gladare ut men inte riktigt glad.

– Det är en sak till, säger han.

– Vadå?

– Det ser så roligt ut att vara utbytesstudent. Jag vill gärna resa till USA och gå i skola ett år där, men du säger att det inte går. Man kan inte heta Jerker Kock i USA.

Ashley tänker en minut. Så säger hon:

– Jag vet vad du kan göra. Du kan säga att du heter något annat. Många som kommer till USA och har konstiga namn gör så för att namnet ska bli lättare att säga. Du kan säga till dina klasskamrater att ditt namn är Jerry Cook på engelska. Det är ett normalt namn i USA, inte fult eller konstigt. Det blir väl bra?

Nu ser Jerker mycket gladare ut.

– Ja, vad bra! Det ska jag göra. Tack, Ashley!

Så springer han bort men vinkar då och då åt henne.

Den trettonde december måste alla som ska vara med i luciatåget vara i skolan redan klockan sju på morgonen. De måste ju hinna ta på sig sina lucialinnen och sjunga upp sig innan luciafirandet ska börja. Klockan åtta är det fullt av människor i skolans aula. Det är nästan mörkt. Så släcker musikläraren det sista ljuset. Det blir tyst. Alla väntar. Det enda man ser är ljuset från alla mobiler som Ashleys och Julias klasskamrater har i händerna. Nu kan man höra sång ute i korridoren. Så öppnas dörrarna och luciatå-

get kommer in. Först går Ashley med ljuskronan på huvudet.
Sedan kommer tärnorna med ljus i händerna och till sist stjärn-
gossarna med sina höga, spetsiga hattar. Medan fler och fler
kommer in, växer sången högre och högre. Redan innan de sista
i tåget är inne, börjar de första ställa upp sig längst fram i aulan.
Lucia står i centrum lite framför de andra. Så sjunger de flera
gamla luciasånger. En av sångerna sjunger bara Ashley själv.
Till sist går luciatåget ut igen, och musikläraren tänder ljuset.
Alla reser sig och går från aulan till skolmatsalen, där de får
varm choklad och lussekatter.

Den 21 december är årets kortaste dag. Då går solen upp klockan
nio och ner klockan tre i Karlstad. I norra Sverige går den inte
upp alls. Där kommer den inte över horisonten, och det är mörkt
också på dagen. Det är lätt att förstå att människorna i Sverige
tänder många ljus till jul. I nästan alla hus syns adventsstjärnor
och andra juldekorationer med ljus i.

Hos familjen Lundström väntar alla på julen. De hänger upp
juldekorationer och köper julklappar åt varandra.

– Ska vi inte ha någon julgran? undrar Ashley.

– Den köper vi när det är två eller tre dagar kvar till jul, förklarar Bo.

– Köper ni en ny gran varje år? Ashley gör stora ögon.

– Ja, säger Bo och skrattar. Hur tror du granen ser ut efter ett år? Det finns ett äldre par som har en egen skog inte långt från Karlstad. Vi brukar köpa gran av dem.

– Hemma har vi samma gran varje år, säger Ashley. Men den kommer inte från skogen.

– När kommer tomten i USA? undrar Jesper.

– Han kommer på natten mellan den tjugofjärde och den tjugofemte december, förklarar Ashley. Vi ser honom aldrig.

– Vadå? Ser ni honom inte? Hur får ni då era julklappar?

– Han lägger dem under granen, och nästa morgon hittar vi dem där. Och så brukar vi hänga upp var sin strumpa och i den lägger tomten choklad.

– Här kommer han klockan fyra på julafton, direkt efter Kalle Anka, säger Jesper.

– Vem är Kalle Anka?

– Donald Duck heter Kalle Anka på svenska, förklarar Margareta.

– Jag förstår inte det här, säger Ashley. I USA är den tjugofjärde december en vanlig dag. De flesta går till arbetet som vanligt. Men här kommer först Donald Duck och sedan jultomten hem till er den tjugofjärde?

– Nej, Kalle Anka kommer inte till vårt hus. Han är i TV. Och sedan kommer tomten. Men, säger Jesper tyst till Ashley så att bara hon ska höra det, hos oss är det pappa som är jultomten. Han går alltid ut just när tomten ska komma och så tar han på sig tomtekläder och kommer in igen!

– Jag förstår att tomten kommer till USA först på natten, säger Bo högt. Han måste ju hinna hem till alla barn i Sverige först.

– Går människor i Sverige i kyrkan på jul? undrar Ashley.

– Några går i kyrkan på morgonen den tjugofemte, förklarar Margareta. Men vi brukar inte göra det.

– Det går inte hos oss, säger Ashley. Det är då som vi öppnar våra julklappar. Vår familj brukar gå i kyrkan den fjärde söndagen i advent.

Det blir tyst en minut. Så säger Jesper:

– Det där med att hänga upp strumpor tycker jag låter bra. Kan inte vi göra det också?

– Jo, det kan vi väl göra, tycker Bo. Då blir julen mera internationell. Men det får inte bli för mycket choklad i strumporna. Det blir man bara tjock av. Julklappar ska vara nyttiga. Det ska vara saker som man behöver.

Dagarna går. I skolan blir det jullov. Ashley får vara med Bo, Julia och Jesper och köpa julgran. De får en stor, snygg gran. Alla hjälper till att sätta ljus och hänga upp olika dekorationer i den. Det luktar skog och jul i huset. På julafton tittar alla i familjen på Kalle Anka i TV. Sedan väntar alla på att Bo ska gå ut, men han sitter kvar på sin plats.

– Ska inte du gå ut nu? frågar Jesper, men just då kommer någon till dörren. Jesper springer och öppnar. Han tror inte sina ögon. Det är en tomte, men inte pappa! Kan det vara den riktiga tomten?

Tomten kommer in och ger julklappar åt var och en. Bo blir mycket glad när han får en burk surströmming av tomten. När tomten går förbi Julia ger han henne en kram.

– Det var en extra julklapp från tomten till Julia, förklarar han. I dörren vinkar han åt alla och ropar "God Jul! Merry Christmas! Feliz navidad!"

– Tomten reser mycket och måste kunna många språk, förklarar Bo.

På kvällen hänger alla upp sina strumpor. Men inte Bo. Han vill vara rolig och hänger upp sina långkalsonger.

– Mina strumpor är för små! säger han. Nu kan jag få mer choklad än er alla tillsammans.

Sedan går alla och lägger sig.

Nästa morgon går Jesper upp redan kvart över sex. Han undrar om det finns choklad i strumporna eller inte? När han kommer ner till julgranen blir han mycket förvånad.

– Kom och titta! ropar han. Pappas långkalsonger är fulla med choklad!

Mycket riktigt! Alla andra har fått några bitar choklad i sina strumpor men Bos långkalsonger är jätte-tjocka och fulla. Men något är konstigt. De är lätta! Bo kör ner en hand och tar fram ... en rulle toalettpapper! Så kör han ner handen igen och får fram rulle efter rulle efter rulle! Längst ner hittar han en enda liten chokladbit.

– Där ser du att tomten hör vad vi säger, skrattar Margareta. Du vill bara ha nyttiga julklappar, bara saker som man behöver. Tomten vet att alla behöver toalettpapper.

Comments on the text

Lucia – Santa Lucia. The day of December 13 is commonly referred to as *Lusse*.

luciatåg – compound noun of *Lucia* and *tåg* = train, procession

ljus – Don't pronounce the *l*!

stjärngosse – compound noun of *stjärna* = star and *gosse* = boy.

stjärngossar med höga, spetsiga hattar på huvudet – "starboys with high, pointed hats on their heads". When referring to body parts or clothes, Swedish unlike English does not need an owner (possessive) pronoun. Furthermore, when referring to an object which is common for a group of people, Swedish uses singular where English uses plural.

luciafirande – compound noun of *Lucia* and *firande* = celebration (present participle of *fira* = celebrate).

skolkören – compound noun of *skola* and *kör*.

till slut – finally, in the end

få se – catch sight of, perceive

Vadå? – What? *Vadå* is more emphasized than *vad*.

skrattade – past tense of *skratta*.

se ... ut – look like, appear

då och då – now and then

sjunga upp sig – warm up one's voice

till sist – last, at last

ställa upp sig – position oneself

skolmatsal – school cafeteria

göra stora ögon – express surprise

Det luktar skog – It smells like forest. When talking about smell and taste, the English word "like" is omitted in Swedish.

Feliz navidad! – Merry Christmas in Spanish.

lägga sig – go to bed

Exercises

1. In the text of this lesson, you will find a number of compound nouns. Most of them are listed below. Mark the border between the components of the words in the list with a pencil. What is the meaning of each separate component?

juldekoration	*ljuskrona*	*luciatåg*
julgran	*luciafirande*	*lussekatt*
jullov	*lucialinne*	*musiklärare*
klasskamrat	*luciasång*	*toalettpapper*

2. In two of the compound nouns in the text, *adventsstjärna* and *utbyteselev*, the components have been merged together in a different way than in the fourteen words listed in exercise 1. What has been added at the end of the first component?

3. In the compound nouns *stjärngosse* and *skolkör*, the components have been merged together in yet another way. What change has the first component undergone?

4. The compound noun *skolmatsal* consists of three components. Which ones? Have any of the components undergone changes when merged together?

5. Answer the following questions in Swedish.
    –   Hur firar man Lucia i Sverige? Berätta med egna ord.

- Varför vill Jerker Kock prata med Ashley? Hur hjälper hon honom?
- Varför blir Ashley förvånad när Bo säger att de ska köpa en julgran?
- Hur kommer Kalle Anka hem till alla barn i Sverige på jul?
- När kommer jultomten till barnen i Sverige? Vad gör han?
- Man förstår att det inte är Bo som är jultomte hos familjen Lundström det här året. Vem tror du att det är? Varför tror du det?
- Varför vill Jesper hänga upp strumpor som man gör i USA? Varför säger Bo att det är bra? Vad tycker Bo att tomten ska lägga i strumporna?
- Varför hänger Bo upp sina långkalsonger och inte en strumpa?
- Vad hittar alla i familjen Lundström i sina strumpor/långkalsonger på morgonen?
- Vem tror du att det är som lägger toalettpapper i Bos långkalsonger? Varför tror du det?

6. Combine the phrases that belong together by writing the equivalent numbers on the dotted lines.

1. Ashley vill ….. gå i skolan i USA.

2. Bo vill ….. ha Ashley som Lucia.

3. Jesper vill ….. få choklad i sina långkalsonger.

4. Klasskamraterna vill ….. titta på Kalle Anka på jul.

5. Musikläraren vill ….. ge Julia en kram.

6. Jerker Kock vill ….. veta hur man firar jul i Sverige.

7. Tomten vill ….. att Bo ska gå ut.

8. Svenska barn vill ….. att kören ska sjunga upp sig.

7. What is the most important attribute for the key figure in the Swedish Christmas celebration? Supply the missing words to find out!

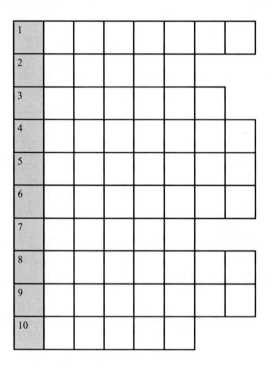

1 – Runt familjen Lundströms hus finns en ....

2 – Måndag heter den första dagen i veckan i Sverige. Den tredje dagen heter ....

3 – När musikläraren släcker ljuset i aulan syns bara ljuset från ....

4 – Karin, som bakar lussekatter hos familjen Lundström i lektion 14, är utbytesstudent från ....

5 – Ashleys syster Abigail pratar inte svenska. Hon pratar bara ....

6 – Jesper tycker att alla i familjen ska hänga upp sina ....

7 – Den fjärde söndagen i advent går familjen Chapman i
....

8 – Den som väntar länge på tomten blir glad när han
.... kommer.

9 – Ashley hänger sina kläder i en ....

10 – Det sista man måste göra med brödet när man bakar är
att .... det.

8. Learn and sing the following Christmas song with music by
Johanna Ölander [51] and lyrics by Rafael Hertzberg. [52]

Julpolska [53]

Nu har vi ljus här i vårt hus,

ju- len är kommen, [54] hopp tra-la- la- la!

Bar- nen i ring dan- sar [55] omkring,

Gra- nen står så grön och grann [56] i stu- gan [57],

Gra- nen står så grön och grann i stu- gan,

Tra- la- la- la- la, tra- la- la- la- la,

tra- la- la- la- la, la- la!

---

[56] *grann, grant, granna* = pretty

[57] *stuga, stugan, stugor, stugorna* = cottage

Kom lilla vän, kom nu igen,
dansa kring [58] granen, hopp tra-la-la-la!
Glädjen [59] är stor, syster och bror, syster och bror,
pappa, mamma, alla går i dansen [60].
Pappa, mamma, alla går i dansen.
Tra-la-la-la-la, tra-la-la-la-la, ra-la-la-la-la, la-la!

---

[58] *kring = omkring* = around

[59] *glädje, glädjen* (no plural) = joy

[60] *dans, dansen, danser, danserna* = dance

A brief history of the Swedish language
by
Ingrid Hällgren Skoglund

Runes from the Viking era

When a history teacher sets out to write an essay about the Swedish language intended for English speaking students, it is unavoidable to start way back in time. Everything has its explanation in history – even language.

You may already have noticed that many words in Swedish and English are similar or even identical. Why is that so?

About 2,500 years ago (ca 500 BC) the people whose descendents were to become residents of England, Holland, Germany, and Scandinavia (except Finland), are believed to have lived in a limited geographic area covering what is now southern Sweden, Denmark and Holland. They spoke a common language known as proto-Germanic. As they spread farther to the south-east, west, and north, their local dialects gradually developed into what is today English, Frisian, Dutch, German, Danish, Swedish, Norwegian, Icelandic, and Faroese. On the British Isles the language of the Germanic speakers was influenced by the different Celtic languages which were spoken there before their arrival. Still, during the time of the Vikings (800 – 1050 AD), Anglo-Saxons in England and Scandinavian Vikings appear to have had no major problems communicating with each other.

As mentioned earlier, many words in Swedish and English are similar or identical even today. Since frequently used words tend to change less than infrequent ones, the similarities generally concern words which are likely to have been used in everyday conversations already 2 000 years ago. In the following pages I will list a number of examples, but I have no doubt that you will be able to find even more similar words yourself. It is my hope that the listed examples will also help you observe certain patterns or laws for the development of languages, for example how the sound which is today *th* in English developed into *d* or *t* in Swedish. With time this knowledge will help you recognize and understand even more Swedish words without learning them from a book.

Life and family

English word	Related Swedish word
man	man, mannen, män, männen
queen	kvinna, kvinnan, kvinnor, kvinnorna = woman (In Sweden all women are queens!)
mother	moder (mor), modern, mödrar, mödrarna
father	fader (far), fadern, fäder, fäderna
brother	broder (bror), brodern, bröder, bröderna
sister	syster, systern, systrar, systrarna
bride	brud, bruden, brudar, brudarna
bridegroom	brudgum, brudgummen, brudgummar, brudgummarna
ring	ring, ringen, ringar, ringarna
folk	folk, folket, folk, folken = people
king	kung, kungen, kungar, kungarna
life	liv, livet, liv, liven
death	död, döden (no plural)
grave	grav, graven, gravar, gravarna
guest	gäst, gästen, gäster, gästerna

Our body

English word	Related Swedish word
arm	arm, armen, armar, armarna
hand	hand, handen, händer, händerna
finger	finger, fingret, fingrar, fingrarna
thumb	tumme, tummen, tummar, tummarna
foot	fot, foten, fötter, fötterna
toe	tå, tån, tår, tårna
neck	nacke, nacken, nackar, nackarna = back of the neck
nose	näsa, näsan, näsor, näsorna

ear	öra, örat, öron, öronen
eye	öga, ögat, ögon, ögonen
mouth	mun, munnen, munnar, munnarna
tongue	tunga, tungan, tungor, tungorna
breast	bröst, bröstet, bröst, brösten = breast, chest
navel	navel, naveln, navlar, navlarna
hair	hår, håret (no plural)
nail	nagel, nageln, naglar, naglarna
skin	skinn, skinnet, skinn, skinnen
skull	skalle, skallen, skallar, skallarna
blood	blod, blodet (no plural)
bone	ben, benet, ben, benen = bone, leg
knee	knä, knäet, knän, knäna
heel	häl, hälen, hälar, hälarna

Nature and agriculture

English word	Related Swedish word
tree	träd, trädet, träd, träden
oak	ek, eken, ekar, ekarna
ash	ask, asken, askar, askarna
leaf	löv, lövet, löv, löven
root	rot, roten, rötter, rötterna
axe	yxa, yxan, yxor, yxorna
field	fält, fältet, fält, fälten
pole	påle, pålen, pålar, pålarna
land	land, landet, land, landen = garden-patch land, landet, länder, länderna = land, country
way	väg, vägen, vägar, vägarna = road
stone	sten, stenen, stenar, stenarna
grass	gräs, gräset (no plural)
rose	ros, rosen, rosor, rosorna

water	vatten, vattnet (no plural)
sand	sand, sanden (no plural)
plough	plog, plogen, plogar, plogarna
seed	säd, säden (no plural) = grain
corn	korn, kornet (no plural) = barley
wheat	vete, vetet (no plural)
rye	råg, rågen (no plural)
leather	läder, lädret (no plural)
saddle	sadel, sadeln, sadlar, sadlarna
ride	rida, rider

Animals

English	Related Swedish word
swine	svin, svinet, svin, svinen
sow	so, son, suggor, suggorna
cow	ko, kon, kor, korna
calf	kalv, kalven, kalvar, kalvarna
lamb	lamm, lammet, lamm, lammen
foal	föl, fölet, föl, fölen
goat	get, geten, getter, getterna
goose	gås, gåsen, gäss, gässen
hen	höna, hönan, hönor, hönorna
egg	ägg, ägget, ägg, äggen
bee	bi, biet, bin, bina
honey	honung, honungen (no plural)
wax	vax, vaxet (no plural)
snail	snigel, snigeln, sniglar, sniglarna = slug
hound	hund, hunden, hundar, hundarna = dog
whelp	valp, valpen, valpar, valparna = puppy
cat	katt, katten, katter, katterna
mouse	mus, musen, möss, mössen
rat	råtta, råttan, råttor, råttorna
finch	fink, finken, finkar, finkarna

sparrow	sparv, sparven, sparvar, sparvarna
elk	älg, älgen, älgar, älgarna = moose
fish	fisk, fisken, fiskar, fiskarna
seal	säl, sälen, sälar sälarna
whale	val, valen, valar, valarna

The year

English	Related Swedish word
summer	sommar, sommaren, somrar, somrarna
winter	vinter, vintern, vintrar, vintrarna
morning	morgon, morgonen, morgnar, morgnarna
day	dag, dagen, dagar, dagarna
night	natt, natten, nätter, nätterna
week	vecka, veckan, veckor, veckorna
moon	måne, månen, månar, månarna
Yule	jul, julen, jular, jularna = Christmas

Weather and directions

English	Related Swedish word
weather	väder, vädret (no plural)
rain	regn, regnet (no plural)
snow	snö, snön (no plural)
wind	vind, vinden, vindar, vindarna
storm	storm, stormen, stormar, stormarna
hot	het, hett, heta
cold	kall, kallt, kalla
warm	varm, varmt, varma
south	söder
north	norr
east	öster
west	väster

190

House and home

English	Related Swedish word
house	hus, huset, hus, husen
home	hem, hemmet, hem, hemmen
welcome	välkommen
flag	flagga, flaggan, flaggor, flaggorna
place	plats, platsen, platser, platserna
garden	gård, gården, gårdar, gårdarna = yard
room	rum, rummet, rum, rummen
door	dörr, dörren, dörrar, dörrarna
stool	stol, stolen, stolar, stolarna = chair
throne	tron, tronen, troner, tronerna
bed	bädd, bädden, bäddar, bäddarna

Food

English	Related Swedish word
cook	koka, kokar = boil
soup	soppa, soppan, soppor, sopporna
bread	bröd, brödet, bröd, bröden
cake	kaka, kakan, kakor, kakorna = cookie, cake
bake	baka, bakar
yeast	jäst, jästen (no plural)
sugar	socker, sockret (no plural)
salt	salt, saltet (no plural)
milk	mjölk, mjölken (no plural)
fruit	frukt, frukten, frukter, frukterna
apple	äpple, äpplet, äpplen, äpplena
plum	plommon, plommonet, plommon, plommonen
sweet	söt, sött, söta
sour	sur, surt, sura
nut	nöt, nöten, nötter, nötterna
drink	dricka, dricker

glass	glas, glaset, glas, glasen

Hygiene and clothing

English	Related Swedish word
bath	bad, badet, bad, baden
comb	kam, kammen, kammar, kammarna
brush	borste, borsten, borstar, borstarna
soap	såpa, såpan (no plural) = soft soap
shoe	sko, skon, skor, skorna
shirt	skjorta, skjortan, skjortor, skjortorna
blouse	blus, blusen, blusar, blusarna
sew	sy, syr

Colors

English	Related Swedish word
red	röd, rött, röda
green	grön, grönt, gröna
white	vit, vitt, vita
brown	brun, brunt, bruna
blue	blå, blått, blå/blåa

Shipping and Viking expeditions

English	Related Swedish word
boat	båt, båten, båtar, båtarna
ship	skepp, skeppet, skepp, skeppen
oar	åra, åran, åror, årorna
rope	rep, repet, rep, repen
wreck	vrak, vraket, vrak, vraken
ebb and flow	ebb och flod
swim	simma, simmar
dive	dyka, dyker
float	flyta, flyter
starboard	styrbord
backboard	babord

sea	sjö, sjön, sjöar, sjöarna = lake
coast	kust, kusten, kuster, kusterna
wave	våg, vågen, vågor, vågorna
weapon	vapen, vapnet, vapen, vapnen
sword	svärd, svärdet, svärd, svärden
bow	båge, bågen, bågar, bågarna
shoot	skjuta, skjuter
knife	kniv, kniven, knivar, knivarna
spear	spjut, spjutet, spjut, spjuten
gold	guld, guldet (no plural)
silver	silver, silvret (no plural)
copper	koppar, kopparen (no plural)
rust	rost, rosten (no plural)

Many common verbs

English	Related Swedish word
go	gå, går = walk
creep	krypa, kryper
are (am, is)	vara, **är**
were (was)	**var**
wake up	vakna, vaknar (upp)
fall	falla, faller
take	ta(ga), tar
eat	äta, äter
cost	kosta, kostar
sell	sälja, säljer
give	ge, ger (old: giva, giver)
find	finna, finner
fly	flyga, flyger
flee	fly, flyr
freeze	frysa, fryser = freeze, be cold
melt	smälta, smälter
stink	stinka, stinker
say	säga, säger

swear	svära, svär
send	sända, sänder
shake	skaka, skakar
sit	sitta, sitter
see	se, ser
hop	hoppa, hoppar = jump
come	komma, kommer
win	vinna, vinner

Many common adjectives and adverbs

English	Related Swedish word
long	lång, långt, långa = long, tall
short	kort, kort, korta
good	god, gott, goda
better	bättre
free	fri, fritt, fria
little	liten, litet, lilla/små
wide	vid, vitt, vida
round	rund, runt, runda
thin	tunn, tunt, tunna
wild	vild, vilt, vilda
rich	rik, rikt, rika
full	full, fullt, fulla = full, drunk
wet	våt, vått, våta
whole	hel, helt, hela
wise	vis, vist, visa
fat	fet, fett, feta
fine	fin, fint, fina
glad	glad, glatt, glada
high	hög, högt, höga
low	låg, lågt, låga
sharp	skarp, skarpt, skarpa
hungry	hungrig, hungrigt, hungriga
elder	äldre

new	ny, nytt, nya
here	här
there	där
well	väl

Other common words

English	Related Swedish word
we	vi
they	de
all	alla
mine	min
what	vad
where	var
after	efter
now	nu
(un)til	till
book	bok, boken, böcker, böckerna
ball	boll, bollen, bollar, bollarna
dream	dröm, drömmen, drömmar, drömmar-na
thing	ting, tinget, ting, tingen
law	lag, lagen, lagar, lagarna
luck	lycka, lyckan (no plural)
hope	hopp, hoppet (no plural)
world	värld, världen, världar, världarna

And now, back to history

In the year of 1066 AD something happened which made it more difficult for Scandinavians and Englishmen to understand each other. England was invaded by Normans led by William the Conqueror. Although the Normans were the descendents of Scandinavian Vikings, this invasion was to make our languages more different. The Vikings in Normandy had married French women, and their children had grown up speaking their mothers'

195

language. It is not without reason that we talk about "mother tongue". So when the French speaking Normans made themselves masters over the Anglo-Saxons of England, many older English words were replaced by French ones. It is easy to see that those who took care of the animals were Anglo-Saxons (sheep and oxen are Germanic words), while those who feasted on the meat were Normans (mutton and beef are French words).

In the course of history both our languages were to receive many new words, first from the Christian church and later from the academic world of the universities. Here are some examples:

English	Related Swedish word
church	kyrka, kyrkan, kyrkor, kyrkorna
priest	präst, prästen, präster, prästerna
monk	munk, munken, munkar, munkarna
nun	nunna, nunnan, nunnor, nunnorna
cross	kors, korset, kors, korsen
school	skola, skolan, skolor, skolorna
university	universitet, universitetet, universitet, universiteten
medicine	medicin
history	historia
literature	litteratur
mathematics	matematik
philosophy	filosofi
geography	geografi

During the period from the 12th to the 17th century, Sweden had much contact with Germany (trade, Luther, the Thirty Years' War). This affected the Swedish language making it more different from English. In the 18th century, French culture dominated in Europe. As an effect of this, both English and Swedish borrowed many words from French.

Since the 19th century English has replaced Latin as the language of international communication. You will soon discover that the majority of movies shown in movie theaters and on TV in Sweden are American, not Swedish, and that they are not dubbed. A great number of English words – or even complete phrases – are being incorporated into Swedish, thus making our languages grow more similar again. Sometimes we even talk about "Swenglish", though the spelling of borrowed words is often adjusted to Swedish spelling patterns, particularly in words borrowed long ago. The same is true about the declination/conjugation of borrowed words:

English	Related Swedish word
job	jobb, jobbet, jobb, jobben
strike	strejk, strejken, strejker, strejkerna
baby	bäbis, bäbisen, bäbisar, bäbisarna (sometimes spelled bebis or baby)
juice	juice (sometimes spelled jos)
face	fejs, fejset, fejs, fejsen
skate	skejta, skejtar
fight	fajtas, fajtas (passive form)
skip	skippa, skippar
cool	cool, coolt, coola
drink	drink, drinken, drinkar, drinkarna
e-mail	mejl, mejlet, mejl, mejlen
weekend	veckända, veckändan, veckändar, veckändrana
Have a nice day!	Ha en bra dag!

Many words, however, are both spelled and pronounced just like in English: T-shirt, cornflakes, skateboard and many, many more.

Today, almost all Swedes below the age of 50 speak good English and love doing so. Thus, you can usually get along just switching over to English, but doing so you will set a pattern that will make it much harder for you to learn Swedish. Being able to speak a foreign language is worth much, and the older you get the harder it is to learn – so make the most of it now!

From history to some linguistics

As you might have observed, words change as time passes. Thus, words that were originally the same in English and Swedish tend to grow more and more different. These changes follow certain laws or patterns. Below you will find a number of words where you can trace such patterns:

English	Related Swedish word
word	ord, ordet, ord, orden
wolf	ulv, ulven, ulvar, ulvarna (old word for wolf), Ulf (man's name)
wonder	under, undret, under, undren = miracle
wool	ull, ullen (no plural)
worm	orm, ormen, ormar, ormarna = snake
work	ork, orken (no plural) = strength, endurance, stamina
year	år, året, år, åren
yoke	ok, oket, ok, oken
young	ung, ungt, unga
bear	björn, björnen, björnar, björnarna
birch	björk, björken, björkar, björkarna
deep	djup, djupt, djupa [61]
deer	djur, djuret, djur, djuren = animal
devil	djävul, djävulen, djävlar, djävlarna
far	fjärran
feather	fjäder, fjädern, fjädrar, fjädrarna
heart	hjärta, hjärtat, hjärtan, hjärtana [62]
helmet	hjälm, hjälmen, hjälmar, hjälmarna

---

[61] Don't pronounce the *d* in *djup*, *djur* and *djävul*!

[62] Don't pronounce the *h* in *hjärta*, *hjälm*, *hjälp* and *hjord*!

help	hjälp, hjälpen (no plural)
herd	hjord, hjorden, hjordar, hjordarna
earth	jord, jorden, jordar, jordarna
I	jag
iron	järn, järnet (no plural)
self	själv [63]
sick	sjuk, sjukt, sjuka
sing	sjunga, sjunger
shirt	skjorta, skjortan, skjortor, skjortorna
stalk	stjälk, stjälken, stjälkar, stjälkarna
star	stjärna, stjärnan, stjärnor, stjärnorna
steal	stjäla, stjäl
tar	tjära, tjäran (no plural) [64]
thick	tjock, tjockt, tjocka
thief	tjuv, tjuven, tjuvar, tjuvarna

Sometimes the meaning of a word may drift, grow or shrink. You have already seen several examples. Here are some more:

English	Related Swedish word
flesh	fläsk, fläsket (no plural) = pork
grow	gro, gror = sprout
wood	ved, veden (no plural) = firewood
time	timme, timmen, timmar, timmarna = hour
tide	tid, tiden, tider, tiderna = time
wrong	vrång, vrångt, vrånga = be difficult
wrist	vrist, vristen, vrister, vristerna = ankle

---

[63] In eastern Sweden the *sj*, *skj*, and *stj* in *själv*, *sjuk*, *sjunga*, *skjorta*, *stjälk*, *stjärna*, and *stjäla* are all pronounced like the *sh* in English "shoot". In western Sweden they are pronounced with the back of the tongue meeting the palate further back.

[64] The *tj* in *tjära*, *tjock*, and *tjuv* is pronounced like the *Ch* in English "China" but without the initial t-sound

master	mästare, mästaren, mästare, mästarna = champion, expert
swamp	svamp, svampen, svampar, svamparna = mushroom, fungus
husband	husbonde, husbonden, husbönder, husbönderna = master of a farm (old word) husse, hussen, hussar, hussarna = master of a dog

In some cases the Swedish equivalent of an English word is hardly used anymore and people tend to forget it. The modern word is given in parenthesis:

English	Related Swedish word
wife	viv (fru, frun, fruar, fruarna)
friend	frände (vän, vännen, vänner, vännerna)
who	ho (vem)
early	arla (tidigt)
begin	begynna (börja, börjar)
window	vindöga (fönster, fönstret, fönster, fönstren)
forget	förgäta (glömma, glömmer)

In other cases it is the English word which is on the verge of being forgotten:

English	Related Swedish word
buck (male goat)	bock, bocken, bockar, bockarna
sore (wound)	sår, såret, sår, såren

If you are familiar with older English texts, for example Shakespeare, this facilitates understanding some Swedish words:

English	Related Swedish word
thou (you)	du
thy (yours)	din

Sometimes we can laugh at each other's languages when words which are pronounced the same have quite different meanings and may even be "bad words" in the other language:

- The English word "buys" sounds like the Swedish word "bajs" which means "poo".

- The English word "kiss" sounds like the Swedish word "kiss" which means "pee".

- The English word "sheet" sounds like the Swedish word "skit" which means "shit".

- The Swedish word "leg" which is short for "legitimation" (= ID-card) sounds like the English word "leg".

- The Swedish word "fack" which means "locker" sounds like the English word "fuck".

Finally

Good luck with your exchange year and your studies!

Swedish National Emblem: The Three Crowns

Answers to exercises

Pronunciation

0.1

en arm – an arm
en artikel – an article
en atom – an atom
ett bacon – a bacon
en bank – a bank
ett ben – a bone, leg
en bil – a car
en björn – a bear
en boll – a ball
ett bröd – a bread
en buss – a bus
en båt – a boat
en check – a check
choklad – chocolate
en cirkus – a circus
en citron – a lemon
en clown – a clown
en cykel – a bicycle
en dag – a day
det här – this
ett djur – an animal
en doktor – a doctor
en dörr – a door
ett finger – a finger
en fisk – a fish
ett flygplan – an airplane
en fot – a foot
en fyra – a four
ett fönster – a window
fötter – feet
gissa – guess
gjorde – made, did
ett glas – a glass
god – good
grå – grey
gymnastik – gymnastics
en hand – a hand
en hund – a dog, a hound

ett hus – a house
ett hår – a hair
en häst – a horse
jazz – jazz
en jord – an earth
ett kafé – a café
en katt – a cat
kemi – chemistry
ett kilo – a kilo
en kjol – a skirt
en klocka – a clock, a watch
en kniv – a knife
en ko – a cow
kol – carbon
en kostym – a suit
en kung – a king
en kurs – a course
en kyrka – a church
ett ljus – a candle, a light
ett löv – a leaf
en mus – a mouse
många – many
en näsa – a nose
och – and
en orm – a snake
en ost – a cheese
ett par – a pair
en paj – a pie
en penna – a pen, a pencil
ett regn – a rain
en rektor – a rector
en ring – a ring
en ros – a rose
en råtta – a rat
schampo – shampoo
en sjö – a lake
en sked – a spoon
en skjorta – a shirt

en skruv – a screw
smör – butter
en son – a son
ett svärd – a sword
en syster – a sister
tjugo – twenty
en tomat – a tomato
ett träd – a tree
en TV – a TV
en tå – a toe

en tång – a pair of tongs
en varg – a wolf
en vecka – a week
en zombie – a zombie
ett zoo – a zoo
en åtta – an eight
ett ägg – an egg
ett äpple – an apple
ett öga – an eye
ett öra – an ear

0.2 Example: boll, ost, atom, fot

0.3 Hard vowels: a, o, u, å. Soft vowels: e, i, y, ä, ö.

0.4 Like the *Ch* in English "China" but without the initial t-sound.

0.5 Like the *y* in English "yes".

0.6 In the letter combination *rn* the *r* is not pronounced. The *n* is pronounced with the tip of the tongue drawn back to the position for saying an *r*.

0.7 In eastern Sweden the *skj* is pronounced like the *sh* in English "shoot". In western Sweden it is pronounced with the back of the tongue meeting the palate further back.

Lesson 1

1.1 –

1.2 Check your results with the vocabulary list of lesson 1.

1.3 Det här är en familj. Det här är en mamma. Det här är en pappa. Det här är en flicka. Det här är en pojke. Det här är en syster. Det här är en bror. Det här är en hund.

1.4 Mamman, pappan, familjen, systern, hunden, katten.

1.5 Pappan i familjen Lundström heter Bo. Jespers syster heter Julia. Jesper är bror till Julia. Margareta är inte syster till Bo. Missan är inte en hund. Bo går ut med Sigge. Missan går ut själv.

1.6 –

Lesson 2

2.1 En familj, en flicka, en hund, ett hus, en katt, en mamma, en pappa, en pojke, en skola, ett sovrum, en syster, en vän.

2.2 Check your results with the vocabulary list of lesson 2.

2.3

- Familjen Lundström bor i Karlstad, inte i Göteborg.
- Nej, Margareta Lundström kommer inte från Karlstad. Hon kommer från Göteborg.
- Margareta och Bo Lundström cyklar till arbetet.
- Julia och Jesper cyklar till skolan.
- Bo Lundström hinner inte gå ut med Sigge.
- Julia hinner inte gå ut med Sigge. Hon ska gå ut med Ricardo.
- Ricardo är Julias vän från skolan.
- Ricardos mamma och pappa kommer inte från USA. De kommer från Mexiko.
- Julia och Ricardo går ut med Sigge.

2.4 how = hur, what = vad, who = vem, why = varför

2.5 bor, cyklar, går, har, heter, hinner, kommer

2.6

A	R	B	E	T	E	
H	I	N	N	E	R	
	C	Y	K	L	A	R
F	A	M	I	L	J	
B	R	O	R			
	D	A	G			
P	O	J	K	E		

Lesson 3

3.1 –

3.2 mammor, pappor, hundar, barnen, hundarna, familjer, hundarna, hundar, husen, barnen, hundarna, minuter, sovrum.

3.3 barnen, hundarna, hundarna, husen, barnen, hundarna.

3.4 ett arbete, arbetet, arbeten, arbetena (job), ett barn, barnet, barn, barnen (child), ett ben, benet, ben, benen (leg, bone), en dag, dagen, dagar, dagarna (day), en familj, familjen, familjer, familjerna (family), en flicka, flickan, flickor, flickorna (girl), en hund, hunden, hundar, hundarna (dog), ett hus, huset, hus, husen (house), en katt, katten, katter, katterna (cat), en lektion, lektionen, lektioner, lektionerna (lesson), en mamma, mamman, mammor, mammorna (mother), en minut, minuten, minuter, minuterna (minute), en pappa, pappan, pappor, papporna (father), en pojke, pojken, pojkar, pojkarna (boy), en skola, skolan, skolor, skolorna (school), en syster, systern, systrar, systrarna (sister), en trädgård, trädgården, trädgårdar, trädgårdarna (garden), en vän, vännen, vänner, vännerna (friend).

3.5 stor, vanlig, rolig, glad, god, sur, typisk.

3.6
- Julia är inte glad att gå ut med Sigge. Hon är sur.
- Ricardo är glad att gå ut med Julia men också med Sigge.
- Utbytesstudenten kommer från Kalifornien.
- Det finns ingen familj som har ett extra sovrum.
- Julia ska fråga mamma och pappa om utbytesstudenten kan bo i det extra sovrummet som familjen Lundström har.
- Ricardo ska akta foten. Sigge lyfter på benet!

3.7

tycka	komma	lyfta	fråga	cykla	cykla	**Ja**
heta	lyfta	komma	tycka	komma	heta	**Nej**
cykla →	fråga →	säga	säga	hinna	säga	**Ja**
hinna	cykla	fråga →	hinna	säga	hinna	**Nej**
fråga	hinna	hinna	lyfta	lyfta	komma	**Ja**
komma	säga	tycka	komma	tycka	lyfta	**Nej**
säga	tycka	heta	cykla →	heta	fråga	**Ja**
lyfta	heta	cykla	heta	fråga →	tycka	**Nej**
Nej	**Ja**	**Nej**	**Ja**	**Nej**	**Ja**	

Lesson 4

4.1 –

4.2
- En katt har fyra ben. Två katter har åtta ben. Tre katter har tolv ben. Fyra katter har sexton ben. Fem katter har tjugo ben.
- Ashley ska bo hos familjen Lundström i Karlstad.
- Ja, hon ska ha ett eget sovrum.
- Det är kallt i Sverige, så Ashley packar en extra varm tröja.
- Ashley packar åtta par byxor, sju klänningar, tio blusar, fem kjolar, sex par skor och massor av underkläder och strumpor i den stora resväskan.
- Abigail tycker inte att Jesper är liten. Hon tycker inte att barn som är tolv år är små.
- Ashley får bara ha med en stor resväska på flygplanet.
- Ashley packar bara bindor i den lätta resväskan.

- Ashley ska bo i Sverige i ett år. Hon vet inte vad "binda" heter på svenska, så hon vet inte hur hon ska fråga efter bindor.

4.3 En sko, skon, skor, skorna. En tröja, tröjan, tröjor, tröjorna. En klänning, klänningen, klänningar, klänningarna. En blus, blusen, blusar, blusarna. En kjol, kjolen, kjolar, kjolarna. Ett par byxor, byxorna, två par byxor, byxorna.

4.4 Ashley är *glad* men Abigail är *sur*. Familjen Lundström bor i ett *stort* hus. Det är *kallt* i Sverige. Ashley tar med två *varma* tröjor till Sverige. Det är inte *roligt* att inte ha en tröja om det är *kallt*. Hur *varmt* är det i Kalifornien? Hur *gammal* är Abigail? Ashleys *lätta* resväska är *full*. Vi har en *liten* hund. Vi ska gå ut med den *lilla* hunden. Kom hit, *lilla* hund! Kom hit, *små* hundar!

Lesson 5

5.1 Jag har en hund. Den bor hos *mig*. Du har en hund. Den bor hos *dig*. Han har en hund. Den bor hos *honom*. Hon har en hund. Den bor hos *henne*. Vi har en hund. Den bor hos *oss*. Ni har en hund. Den bor hos *er*. De har en hund. Den bor hos *dem*.

5.2 Var är Ashley? Familjen Lundström tittar och tittar men kan inte se *henne*. Jesper är dum. Mamma säger till *honom* att vara tyst. Där är Ashley! Hon vinkar till *oss*. Ashley har en resväska, men ingen tittar i *den*. Får jag bo med *er*, Bo och Margareta? Ashley *har på sig* tre varma tröjor.

5.3
- Ashley kommer från flygplatsen till Stockholm med buss.
- Ashley kommer från Stockholm till Karlstad med tåg.
- Jesper säger att Ashley är tjock, och då säger mamma att han ska vara tyst.
- Ashleys resväska är mycket stor.
- Ingen tittar på Ashley. Ingen säger hej. Ingen tittar i resväskorna. På bussen sitter alla en och en. Alla är allvarliga. Ingen säger något.
- Hon har mycket kläder på sig.
- Ashleys resväska är full.

5.4 Stor, stort, stora. Dum, dumt, dumma. Tjock, tjockt, tjocka. Gammal, gammalt, gamla. Glad, glatt, glada. Sur, surt, sura. Kall, kallt, kalla. Varm, varmt, varma. Tyst, tyst, tysta. Lätt, lätt, lätta. Full, fullt, fulla. Liten, litet, lilla/små.

5.5

R	E	S	V	Ä	S	K	A
■	X	■	A	■	K	■	L
S	T	O	R	■	R	■	L
■	R	■	M	■	A	T	T
H	A	N	■	■	T	■	I
U	■	I	■	S	T	A	D
S	■	■	■	■	A	■	■
■	D	A	G	A	R	N	A

5.6 –

5.7 – The ending -a is used when an adjective *(lilla)* refers to an individual being addressed *(snigel)*.

Lesson 6

6.1 deras, hennes, hennes, hennes, sina, hennes, mina, mina, dina, sin, hans, era, vår.

6.2 "Ashley lägger sina underkläder i byrån". Ashley is the subject (the one who performs the action) of the sentence, and at the same time she is the owner of the clothes, thus we must use the reflexive owner pronoun.
"Julia har sin plats här". Julia is the subject of the sentence and at the same time the owner of the place, thus we use the reflexive owner pronoun.

6.3 "Julia hänger hennes klänningar i garderoben". Julia is the subject of the sentence but Ashley is the owner of the dresses, thus we must not use the reflexive owner pronoun.
"Pappa visar Ashley hennes plats". Father is the subject of the sentence but Ashley is the owner of the seat, thus we must not use the reflexive owner pronoun.

6.4
- Pappa lyfter ut Ashleys stora resväska ur bilen. Julia och Jesper lyfter ut hennes små resväskor.
- Alla i familjen Lundström tar av sig skorna.
- Hon är äntligen framme, och hon måste gå till badrummet.
- Hon tar av sig en massa kläder.
- Ashley lägger sina underkläder i byrån, och Julia hänger hennes klänningar i garderoben.
- Julia säger att Ashleys klänning är snygg.
- Julia säger att alla hennes egna kläder är gamla.
- Familjen Lundström äter i sitt eget hus.

- Familjen Chapman äter alltid på restaurang.

6.5 bo = live, bära = carry, börja = start, cykla = ride the bicycle, fråga = ask, få = be allowed/receive/get, förstå = understand, gå = go/walk/function, göra = do/make, ha = have, heta = be called, hinna = have time, hjälpa = help, hänga = hang, komma = come, lyfta = lift, lägga= lay/put, packa = pack, regna = rain, resa = travel, se = see, skratta = laugh, stanna = stop/stay, stå = stand, stänga = close, säga = say, ta = take, titta = look, tycka = think/have an opinion, vara = be, vinka = wave, visa = show, vänta = wait, äta = eat.

6.6 Ricardo har en hund. Det är *hans* hund. Ricardo går ut med *sin* hund varje dag. Sigge är familjen Lundströms hund. Det är *deras* hund. Familjen Lundström går ut med *sin* hund varje dag. Bo visar Ashley *hennes* plats. Alla i familjen Lundström sitter på *sina* egna platser och äter. *Våra* sovrum är stora. *Vårt* sovrum är stort.

6.7

U	N	D	E	R	K	L	Ä	D	E	R
	T	R	Ä	D	G	Å	R	D	E	N
	B	A	D	R	U	M	M	E	T	
S	Y	S	T	E	R					
	T	R	Ö	J	O	R				
R	E	S	T	A	U	R	A	N	G	
	S	O	V	R	U	M				
	S	T	A	T	I	O	N			
	T	Å	G							
	U	R								
	D	Ö	R	R	E	N				
	E	G	N	A						
	N	O	R	R	A					
	T	J	O	C	K					

Lesson 7

7.1 tjugotre, femtioåtta, åttiosju, trettionio, sextiofem, fyrtiosex, sjuttoiett, nittiofyra.

7.2 hjälp, prata, kom, ropa, gör, stanna.

7.3 bryta – bryt = break, börja – börja = start, cykla – cykla = ride the bicycle, fråga – fråga = ask, förklara – förklara = explain, hjälpa – hjälp = help, hänga

– häng = hang, komma – kom = come, lyfta – lyft = lift, lägga – lägg = lay/put, läsa – läs = read, packa – packa = pack, prata – prata = speak, resa – res = travel, skratta – skratta = laugh, stanna – stanna = stop/stay, stänga – stäng = close, säga – säg = say, titta – titta = look, vinka – vinka = wave, visa – visa = show, vänta – vänta = wait, äta – ät = eat.

7.4 Ashley vill lära sig svenska fort. Margareta vill hjälpa Ashley med svenskan. Bo vill inte ta ansvar för människor som stjäl. Människorna på gatan vill bara stå i ring och titta. Julia vill inte att Ashley ska ropa. Jesper vill veta var den tjocka Ashley är. Sigge vill gå ut varje dag.

7.5 Mer än femton människor står i *ring* och tittar. En man bryter upp *låset* på en cykel. Ashley förstår att han vill *stjäla* cykeln. Kom! Vi tar *honom*! säger Ashley. Ropa inte på *gatan*, säger Julia. *Ursäkta*, är det din cykel? frågar Bo. Ashley är mycket *arg*. Mannen går *framför* människorna i ringen. Det är inte vårt *ansvar* att han stjäl, förklarar Bo. *Skolan* ska lära barn att inte stjäla, säger Bo.

7.6
- Ashley vill lära sig svenska fort för att skolan snart ska börja.
- Familjen Chapman äter alltid på restaurang för de har en egen restaurang.
- Ashley säger till Julia att hon inte förstår engelska för hon vill att Julia ska prata svenska med henne.
- Människorna som står i ring på gatan tittar på en man som stjäl en cykel.
- Mannen i centrum på ringen bryter upp låset på cykeln.
- Ashley vill att människorna ska ta mannen.
- Ashley blir arg för att ingen gör något.
- Bo tycker inte att det är hans ansvar att mannen stjäl cykeln.

7.7 arbete – job, barn – child, ben – leg, bil – car, bord – table, byxor – pants, flicka – girl, fråga – question, gata – street, golv – floor, kjol – skirt, kläder – clothes, klänning – dress, kväll – evening, lärare – teacher, människa – man, pojke – boy, resväska – suitcase, smuts – dirt, sovrum – bedroom, stad – city, strumpa – sock, trädgård – garden, tröja – sweater

Lesson 8

8.1 –

8.2 –

8.3 äldre, yngre, fler, fler, lättare, bättre, bättre, fortare, lättare, dummare.

8.4 bra – bättre – bäst, dum – dummare – dummast, dålig – sämre – sämst, glad – gladare – gladast, liten – mindre – minst, många – flera – flest, sur – surare – surast, tjock – tjockare – tjockast, typisk – mera typisk – mest typisk, tyst – tystare – tystast.

8.5

- Julia och Ashley går på det estetiska programmet i gymnasiet.
- De går år två.
- Julias vänner vill visa att de kan prata engelska.
- Ashley vill att alla ska prata svenska med henne för hon vill lära sig svenska fort.
- Ashley tycker att Jerker är dum, för att han säger "Ashley, Ashley" och skrattar.
- Ashley tänker förklara för Jerker vad hans eget namn låter som på engelska.

8.6 Julia är *äldre* än Jesper. Julia säger att pojkar är *dummare* än flickor. Ett barn är *lättare* än en man. Min tröja är *varmare* än din. En buss är *större* än en bil. Jesper är *yngre* än Julia. Det är *kallare* på kvällen än på dagen.

8.7 Lisa är den *snyggaste* i sin klass. Jerker är *dummast* i sin klass. Att cykla är det *bästa* jag vet. Jesper är *yngst* i sin familj. De *flesta* hundar blir glada när de får gå ut. Den som alltid skrattar är *gladast* av alla. Engelska är det *lättaste* språket, säger Ashley.

8.8 –

Lesson 9

9.1
Vad <u>tycker</u> du om skolan? = What's your opinion of school?
Tycker du <u>om</u> skolan? = Do you like school?
Du måste hälsa <u>på</u> familjen Lundström! = You must pay a visit to the Lundström family!
Kom in och <u>hälsa</u> på min bror! = Come in and say hello to my brother!
Vad <u>tittar</u> du på? = What are you looking at?
Jag står bara och tittar <u>på</u>. = I'm just watching.
Tala <u>om</u> vad du tycker <u>om</u> att <u>tala</u> om! = Tell me what you like to talk about!

9.2 Jesper vill inte *plocka* bär. Måste jag *gå* ut med Sigge? Ska vi *cykla* till skolan? Jag kan inte *se* några björnar. Jesper vill *bo* i Kalifornien. Man får inte *skräpa ner* i skogen. Kan du *lyfta* in Sigge i korgen?

9.3 arg, dålig, stor, kall, vanlig, tjock, glad, snygg, lätt, ny, gammal, röd, allvarlig, tyst, liten, dum, sur, ful, varm, ung.

9.4
- Sigge, familjen Lundströms hund, tycker bäst om skogen.
- Familjen Lundström och Ashley cyklar till skogen.
- Ashley säger att skogen måste vara en park för att man får gå i den. I USA får man inte gå i en privat skog.

- Allemansrätten säger att man får gå i skogen, plocka bär och svamp och bo i tält en natt. Man får inte förstöra, skräpa ner eller gå nära människors hus eller i deras trädgårdar.
- I skogen i Värmland finns älgar, björnar, vargar och lodjur.
- Det är myggorna som vill äta på Jesper.

9.5

A	L	D	R	I	G			
L	O	D	J	U	R			
L	I	N	G	O	N			
E	N	G	E	L	S	K	A	
M	O	S	S	A				
A	R	B	E	T	E			
N	O	S	A	R				
S	V	A	M	P				
R	E	G	N	A	R			
Ä	T	A						
T	R	Ä	D	E	N			
T	Ä	L	T					
E	S	T	E	T	I	S	K	A
N	A	M	N					

9.6
- Djur som björnar, vargar och lodjur brukar bo i skogen.
- Margareta vill plocka blåbär men det vill inte Jesper.
- Man får inte skräpa ner i skogen eller i parkerna.
- Bo plockar svamp men Sigge bara nosar på dem.
- I skogen kan man se spår av älgar i mossan.
- Sigge vill hälsa på i skogen, men han vill inte hälsa på vargarna.

9.7 –

Lesson 10

10.1 Kantareller plockas av Bo. Lunch äts av alla. Myggorna tittas på av Julia. En grävling ses av Ashley.

10.2 Vad är det? frågar Ashley *allvarlig*. Vad är det? frågar Ashly *allvarligt*. Vad är det? frågar alla *allvarliga*. Vad är det? frågar alla *allvarligt*.

10.3 Kvart över tre – Femton och femton. Fem i halv fyra – Femton och tjugofem. Halv fyra – Femton och trettio. Fem över halv fyra – Femton och trettiofem. Tjugo i fyra – Femton och fyrtio. Tio i fyra – Femton och femtio. Fem i fyra – Femton och femtiofem.

10.4 A = Morgon, B = Förmiddag, C = Eftermiddag, D = Kväll, E = Natt

10.5 alls – at all, borta – away, fortfarande – still, kvar – still there, remain, nästan – almost, olika – differently, tillbaka – back

10.6 –

Lesson 11

11.1 <u>Behöver Sigge</u> gå ut nu? – Main clause expressing question. Som du förstår <u>behöver Sigge</u> gå ut nu. – Main clause preceded by sub-clause. Kom Sigge! Vi går ut, <u>säger Bo</u>. – Main clause preceded by quotation. Nu <u>behöver Sigge</u> gå ut! – Main clauses initiated by other word than subject.

11.2 <u>Margareta läser</u> svenska med Ashley. – Main clause expressing statement, initiated by subject > Straight. Nu <u>kan Ashley</u> många ord. – Main clause expressing statement, not initiated by subject > Reverse. Hur många ord <u>kan Ashley</u>? – Main clause expressing question > Reverse. <u>Är "hen"</u> ett riktigt ord? – Main clause expressing question > Reverse. <u>"Hen" är</u> ett riktigt ord. – Main clause expressing statement, initiated by subject > Straight. Ashley säger att <u>ansiktet har</u> skägg. – Sub-clause > Straight. Skägg är snyggt! <u>säger Bo</u>. – Main clause preceded by quotation > Reverse.

11.3 ansikte = face, haka = chin, hals = neck, huvud = head, hår = hair, läpp = lip, mun = mouth, mustasch = moustache, näsa = nose, panna = forehead, skägg = beard, öga = eye, ögonbryn = eyebrow, öra = ear

11.4 Ansiktet i badrummet har ögon, öron, näsa och mun. Nu har ansiktet glasögon, hår och skägg också. Jesper tycker att det ser ut som hans rektor. Jesper tycker inte om sin rektor. Jesper vill inte att ansiktet ska titta på honom. Var är ansiktet? frågar mamma. Jesper blir röd i ansiktet.

11.5 Ashley kan mer än tre hundra ord på svenska nu. Jag kan också mer än tre hundra ord. Margareta ritar ett ansikte, skriver orden för ögon, öron, näsa och mun på det och sätter upp det på toaletten. Öga heter ögon och öra heter öron i plural. Det är en gammal plural som används för ord som finns i par. Margareta ritar glasögon på ansiktet på toaletten. Julia ritar hår på ansiktet. Bo ritar skägg på ansiktet. Bo tycker inte att "hen" är ett riktigt ord. Julia tycker att man kan använda ordet "hen". Bo vill att man ska se om ansiktet är en man eller en kvinna. Jesper tar bort ansiktet från toaletten. Han tycker att det ser ut som hans rektor, och han vill inte att rektorn ska titta på honom när han är på toaletten.

11.6

F	L	Y	G	P	L	A	N	
E	N	G	E	L	S	K	A	
M	U	S	T	A	S	C	H	
I	N	T	E	R	V	J	U	
N	Ä	S	A	N				
I	N	G	E	N	T	I	N	G
S	K	Ä	G	G				
T	O	A	L	E	T	T		

Lesson 12

12.1

- Det <u>ska inte</u> bli det gamla vanliga. – Main clause, straight word order > negation after finite verb "ska".
- Jag <u>kan inte</u> hjälpa dig. – Main clause, straight word order > negation after finite verb "kan".
- Det får <u>han inte</u>. – Main clause, reverse word order (because the clause is initiated by another word than the subject) > "inte" after subject "han".
- Det kan <u>man inte</u> veta. – Main clause, reverse word order (because the clause is initiated be another word than the subject) > "inte" after subject "man".
- Jag <u>är inte</u> bra på att laga mat. – Main clause, straight word order > negation after finite verb "är".
- Det <u>är inte</u> mycket. – Main clause, straight word order > negation after finite verb "är".
- Jag <u>tycker inte</u> att den luktar så illa. – "Jag tycker inte" is a main clause with straight word order > negation after finite verb "tycker".
- Jag <u>tror inte</u> vi har någon chili i huset. – "Jag tror inte" is a main clause with straight word order > negation after finite verb "tror".
- Sigge <u>bajsar väl inte</u> inne nu igen? – Main clause, straight word order (because the question is phrased with the question particle "väl") > "inte" is placed after predicate "bajsar". However, the question particle "väl" modifies the "inte" and is therefore placed immediately before the negation.
- Jag <u>tänker inte</u> äta er mat. – Main clause, straight word order > negation after finite verb "tänker".
- När Margareta och Bo kommer hem, luktar <u>det inte</u> alls illa i huset. – Main clause "luktar <u>det inte</u> alls illa i huset" preceded by sub-clause > reverse word order > negation after subject "det".

12.2 3, 3, 3, 3 & 6 (Jesper säger inte att han inte vill …), 4, 4.

12.3 en djup tallrik, en sked, en tallrik, en kniv, en gaffel, ett glas, en kopp.

12.4

- Bo vill äta surströmming.
- Julia och Jesper vill inte äta surströmming.
- Jesper tycker att surströmming luktar illa.
- Bo tycker inte att surströmming luktar illa.
- Ricardo tycker att surströmming inte luktar illa.
- Ricardos soppa luktar inte surströmming.
- Bo tycker inte om att den inte luktar surströmming.

12.5

- Bo vill inte äta det gamla vanliga. Han vill äta surströmming.
- Margareta måste stanna i skolan till klockan sex.
- Julia, Ashley och Ricardo får laga middagen.
- Ashley och Ricardo är bra på att laga mat men inte Julia.
- Det finns potatis, lök och en burk surströmming i påsen i kylskåpet.
- Ricardo vill laga mexikansk soppa av surströmmingen.
- Jesper frågar om Sigge bajsar inne nu igen.
- Ashley bakar bröd till soppan.
- När Bo och Margareta kommer hem luktar det gott i huset.
- Ja, alla äter av soppan.
- Margareta säger att soppan är god.
- Bo säger att soppan smakar gott, men han tycker bäst om att äta surströmming med potatis och lök.
- In the expression "Soppan är god" the adjective "god" refers to the en-noun "soppan". Hur är soppan? Den är god. – In the expression "Soppan smakar gott?" the adverb "gott" refers to the verb "smakar". Hur smakar soppan? Den smakar gott. In English adjectives are turned into adverbs by adding the ending -*ly*. In Swedish the equivalent ending is -*t* (*god* + *t* > *gott*).

12.6 –

Lesson 13

13.1 –

13.2 –

13.3

– <u>Vet (p) du (s)</u> vem…? Reverse. Question.
– Varför <u>skriver (p) han (s)</u> om gråa berg? Reverse. Question initiated by question particle.
– <u>Är (p) det (s)</u> inte mest …? Reverse. Question.
– När <u>kan (p) jag (s)</u> få …? Reverse. Question initiated by question particle.
– <u>Kan (p) du (s)</u> inte ta mig på torsdag? Reverse. Question.

- Du (s) vet (p) väl att …? Straight. Question including the particle "väl".
- Vad vill (p) han (s) säga? Reverse. Question initiated by question particle.
- Var är (p) hennes klasskamrater (s)? Reverse. Question initiated by question particle.
- Kan (p) de (s) kanske hjälpa henne? Reverse. Question.
- Hon (s) är (p) väl inte rasist? Straight. Question including the particle "väl".

13.4
- Talar du engelska? **Ja**, det gör jag.
- Du talar väl engelska? **Ja**, det gör jag.
- Du talar väl inte engelska? **Jo**, det gör jag.

13.5 bra – dålig, liten – stor, lång – kort, normal – konstig, ny – gammal, rolig – allvarlig, snygg – ful, sur – glad, svart – vit, ung – gammal, varm – kall

13.6 alltid – aldrig, bort – hem, fram – tillbaka, framför – bakom, här – där, illa – bra, inne – ute, nu – då

13.7 behöva, betyda, heta, hinna, hjälpa, leva, lyfta, låta, lägga, läsa

13.8 ansikte, barn, ben, berg, blåbär, bord, bröd, bär, djur, glas

13.9 bra – bättre – bäst, dålig – sämre – sämst, gammal – äldre – äldst, god – godare – godast, grön – grönare – grönast, hög – högre – högst, liten – mindre – minst, lång – längre – längst, ny – nyare – nyast, stor – större – störst, tjock – tjockare – tjockast, ung – yngre – yngst, varm – varmare – varmast

13.10

G	U	I	D	E	R
R	E	K	T	O	R
Å	R	S	T	I	D
B	A	D	R	U	M
E	F	T	E	R	
R	E	G	N	A	R
G	A	F	F	E	L
S	O	M	M	A	R
S	K	O	L	A	N
Å	R	E	T		
N	A	T	T	E	N
G	I	F	T	I	G

Lesson 14

14.1 bakande, bakandet, undrande, skrattande, ursäktande, stående.

14.2 Ashley kan hitta recept på Internet. Bo kan ta hand om alla sorters problem. Jesper vill ge Sigge deg under bordet. Julia vill inte ha surströmming i degen. Karin vill lära sig att baka lussekatter. Margareta vill inte att Sigge ska äta deg. Marta vill läsa språk på universitetet. Ricardo kan koka god soppa. Sigge vill nosa på alla.

14.3
- Karin vill komma hem till Lundströms för att lära sig att baka lussekatter.
- Hon väntar till nästa dag för hon måste fråga hemma först.
- Marta och Ricardo kommer också hem till Lundströms för att baka.
- Sigge tycker om att nosa på alla och så hittar han mjölk och ägg på golvet.
- Hon hittar receptet på Internet.
- Man behöver jäst, socker, mjölk, smör, mjöl, saffran, ägg och russin.
- Ricardo tycker att Jespers hår ser ut som lussekatten "prästens hår".
- Jesper vill bli veterinär för att han tycker om djur.
- Ashley vill bli artist för att hon tycker om att sjunga.
- Deg är giftigt för hundar.

14.4 reser, sitter, skriver, stänger, säger, sätter, tycker, tänker, växer, äter.

14.5 golvet, huset, huvudet, håret, köket, lingonet, livet, ljudet, lodjuret, låset.

14.6 –

Lesson 15

15.1
jul-dekoration < *jul* = Christmas + *dekoration* = decoration
jul-gran < *jul* = Christmas + *gran* = fir tree
jul-lov < *jul* = Christmas + *lov* = school holiday
klass-kamrat < *klass* = class + *kamrat* = mate
ljus-krona < *ljus* = candle + *krona* = crown
lucia-firande < *lucia* = Santa Lucia + *firande* = celebration
lucia-linne < *lucia* = Santa Lucia + *linne* = gown
lucia-sång < *lucia* = Santa Lucia + *sång* = song
lucia-tåg < *lucia* = Santa Lucia + *tåg* = train, procession
lusse-katt < *lusse* = Santa Lucia + *katt* = cat
musik-lärare < *musik* = music + *lärare* = teacher
toalett-papper < *toalett* = toilet + *papper* = paper

15.2 In *advent-s-stjärna* and *utbyte-s-elev* an *s* has been added after the first component of the word.

15.3 In *stjärn(a)-gosse* and *skol(a)-kör* an unstressed vowel has been dropped at the end of the first component of the word.

15.4 In *skol(a)-mat-sal* an unstressed vowel has been dropped at the end of the first component of the word.

15.5

-

- Jerker vill att Ashley ska förlåta honom för att han skrattade åt hennes namn första dagen i skolan. Han vill också fråga hur han ska kunna bli utbytesstudent i USA när han heter Jerker Kock. Ashley förlåter honom och säger att han ska säga att han heter Jerry Cook när han kommer till USA.
- Familjen Chapman har samma gran varje år, men den kommer inte från skogen.
- Alla barn i Sverige tittar på Kalle Anka i TV på julafton.
- Tomten kommer till barnen i Sverige klockan fyra på julaftons efterniddag. Han ger barnen julklappar.
- Det är Ricardo som är jultomte hos familjen Lundström det här året. Han ger Julia en kram och han säger "Feliz navidad" som i Mexiko.
- Jesper vill hänga upp strumpor för att få choklad av tomten som i USA. Bo säger att det är bra, för då blir julen mera internationell, men han säger att han bara vill ha nyttiga julklappar i strumporna.
- Bo hänger upp sina långkalsonger för att vara rolig.
- Alla andra får choklad i sina strumpor, men Bo får en massa toalettpapper i sina långkalsonger.
- Det är Margareta som lägger toalettpapper i Bos långkalsonger. Hon säger att Bo bara vill ha nyttiga julklappar, och alla behöver toalettpapper.

15.6
- Ashley vill veta hur man firar jul i Sverige.
- Bo vill få choklad i sina långkalsonger.
- Jesper vill att Bo ska gå ut.
- Klasskamraterna vill ha Ashley som Lucia.
- Musikläraren vill att kören ska sjunga upp sig.
- Jerker Kock vill gå i skolan i USA.
- Tomten vill ge Julia en kram.
- Svenska barn vill titta på Kalle Anka på jul.

15.7

T	R	Ä	D	G	Å	R	D
O	N	S	D	A	G		
M	O	B	I	L	E	R	
T	Y	S	K	L	A	N	D
E	N	G	E	L	S	K	A
S	T	R	U	M	P	O	R
K	Y	R	K	A	N		
Ä	N	T	L	I	G	E	N
G	A	R	D	E	R	O	B
G	R	Ä	D	D	A		

15.8 –

Grammar references

All English and Swedish words may be divided up into nine categories called parts of speech. Here is a definition of each part of speech with references to grammar sections in the book, where you will find more information.

Adjective

Adjectives are words which describe the qualities of a noun or a pronoun. Examples:

*Paul is a **good** cook.* ("good" describes a quality of the noun "cook" – How is Paul as a cook? Good.)
*Just imagine the food he cooks. It is **tasty**.* ("tasty" describes a quality of the pronoun "it" – How is it? Tasty.)

Adverb

Adverbs are words which describe the qualities of a verb, an adjective or another adverb. Examples:

*Paul cooks **well**.* ("well" describes a quality of the verb "cooks" – How does Paul cook? Well.)
*His food is **very** tasty.* ("very" expresses a degree of the adjective "tasty" – How tasty is his food? Very.)
*He cooks **surprisingly** well.* ("surprisingly" expresses a degree of the adverb "well" – How well does he cook? Surprisingly.)

Conjunction

Conjunctions are words which join other words or clauses together. Examples:

*Paul's favorite ingredients are olives **and** onions* ("and" unites the two words "olives" and "onions")
*Mary likes his food **but** sometimes it is too spicy for her.* ("but" unites the two clauses "Mary likes his food" and "sometimes it is too spicy for her")

Interjection

Interjections are isolated words which express greetings, emotions etc. Examples:

***Hello**, Mary! Would you like to eat now? **Yes**, of course!*
***Ouch**! I just burned my tongue.*

Noun

Nouns are words for people, animals, things, substances, feelings, concepts etc. Examples:

***Paul's food** fills **Mary** with **pleasure, gratitude,** and **calories**.*

Numeral

Numerals are words which express numbers or places in an order. Examples:

***one, two, three, first, second, third**.*

Preposition

Prepositions are words which express the relationship in time, space etc. between people, places or things in a phrase. Examples:

*Today Mary is **on** a trip, but she will try to be back **before** five o'clock, so that she and Paul can have dinner together **without** delay.*

Pronoun

Pronouns are words which replace nouns or phrases. Examples:

*Paul served Mary a delicious meal. **He** had cooked **it** all just for **her**. **This** was meant as a sign of **his** love for **her**.*
("he" replaces the noun "Paul", "it" replaces the noun "meal", "she" replaces the noun "Mary", "this" replaces the phrase "Paul served Mary a delicious meal", "his" replaces the noun "Paul", and "her" replaces the noun "Mary")

Verb

Verbs are words which express an action or a state of being. Examples:

*As Mary **hurried** home, she **kept thinking** of all the good food which **was awaiting** her.*

Glossary

This glossary lists the total vocabulary appearing in the texts of *From English to Swedish 1* in alphabetical order. The first column contains the Swedish word, the second the English translation, the third the part of speech of the word, and the fourth the number of the lesson in which the word first appeared. For some parts of speech several forms of the Swedish word are given:

For **adjectives** five forms are given: the en-, ett- and plural of the positive form followed by the comparative and superlative forms.

For **nouns** four forms are given: the indefinite and definite singular forms followed by the indefinite and definite plural forms.

For **pronouns** three forms are given when applicable: the en-, ett- and plural forms.

For **verbs** four forms are given: the infinitive, the present tense, the past tense and the supine forms. With few exceptions, the two last mentioned forms do not appear in the lessons of this book.

advent	Advent	noun	15
adventsstjärna, adventsstjärnan, adventsstjärnor, adventsstjärnorna	Advent star	noun	15
advokat, advokaten, advokater, advokaterna	lawyer	noun	14
aha	oh, I see	interj.	3
akta, aktar, aktade, aktat	mind, watch out	verb	3
aldrig	never	adv.	9
all, allt, alla	everything, all	pron.	3
Allemansrätten	Every man's right	noun	9
alls	at all	adv.	10
alltid	always	adv.	5
allvarlig, allvarligt, allvarliga, allvarligare, allvarligast	serious	adj.	5
andra (masculine: andre)	second	num.	15
annan, annat, andra	other, others	pron.	8
ansikte, ansiktet, ansikten, ansiktena	face	noun	11
ansvar, ansvaret (no plural)	responsibility	noun	7
använda, använder, använde, använt	use	verb	11

april .... April .... noun. 13
arbete, arbetet, arbeten, arbetena .... job .... noun ... 2
arg, argt, arga, argare, argast .... angry .... adj. 7
artist, artisten, artister, artisterna .... stage artiste .... noun. 14
arton .... eighteen .... num. ... 4
artonde .... eighteenth .... num.. 15
att .... to .... - 2
augusti .... August .... noun. 13
aula, aulan, aulor, aulorna .... assembly hall .... noun. 15
av .... by, of, off .... prep. ... 4

badrum, badrummet, badrum,
   badrummen .... bathroom .... noun ... 6
bagare, bagaren, bagare, bagarna .... baker .... noun. 14
bajsa, bajsar, bajsade, bajsat .... poo .... verb.. 11
baka, bakar, bakade, bakat .... bake .... verb.. 12
bakom .... behind .... prep.... 6
bara .... only .... adv. 2
barn, barnet, barn, barnen .... child .... noun ... 3
behöva, behöver, behövde, behövt .... need .... verb.. 10
ben, benet, ben, benen .... leg .... noun ... 3
berg, berget, berg, bergen .... mountain .... noun ... 9
berätta, berättar, berättade, berättat .... tell, inform .... verb.. 13
betyda, betyder, betydde, betytt .... mean, signify .... verb.. 13
bil, bilen, bilar, bilarna .... car .... noun ... 6
bild, bilden, bilder, bilderna .... picture .... noun. 14
bild-estetisk, bild-estetiskt,
   bild-estetiska (no comparison) .... art aesthetic .... adj.... 14
binda, bindan, bindor, bindorna .... sanitary pad .... noun ... 4
bit, biten, bitar, bitarna .... piece .... noun. 14
björn, björnen, björnar, björnarna .... bear .... noun ... 9
bli, blir, blev, blivit .... become .... verb.... 7
blus, blusen, blusar, blusarna .... blouse .... noun ... 4
blå, blått, blå/blåa, blåare, blåast .... blue .... adj. 9
blåbär, blåbäret, blåbär, blåbären .... blueberry .... noun ... 9
bo, bor, bodde, bott .... live .... verb.... 2
bok, boken, böcker, böckerna .... book .... noun. 13
bord, bordet, bord, borden .... table .... noun ... 6
bort .... away .... adv. 7
borta .... away, gone .... adv. ... 10
bra, bra, bra, bättre, bäst .... good .... adj. 2
bra, bättre, bäst .... well .... adv. 2
bror, brodern, bröder, bröderna .... brother .... noun ... 1
bruka, brukar, brukade, brukat .... use to .... verb.... 9
bryta, bryter, bröt, brutit .... break .... verb.... 7

bröd, brödet, bröd, bröden .... bread .... noun .12
burk, burken, burkar, burkarna .... can .... noun .12
buss, bussen, bussar, bussarna .... bus .... noun ...5
byrå, byrån, byråar, byråarna .... chest of drawers .... noun ...6
byxor, byxorna (no singular) .... pants .... noun ...4
både .... both .... conj...14
bär, bäret, bär, bären .... berry .... noun ...9
bära, bär, bar, burit.................................... carry .... verb 6
börja, börjar, började, börjat .... start .... verb 5
början (both definite and indefinite,
    no plural) .... beginning .... noun .14

centrum, centrumet, centrum,
    centrumen .... center, downtown .... noun ...7
chili, chilin (no plural) .... chili .... noun .12
choklad, chokladen (no plural) .... chocolate .... noun .15
chokladbit, chokladbiten,
    chokladbitar, chokladbitarna .... piece of chocolate .... noun .15
cykel, cykeln, cyklar, cyklarna .... bicycle .... noun ...7
cykla, cyklar, cyklade, cyklat .... ride the bicycle .... verb 2

dag, dagen, dagar, dagarna .... day .... noun ...1
de .... they .... pron. ...1
december .... December .... noun .13
deg, degen, degar, degarna .... dough .... noun .14
degbit, degbiten, degbitar, degbitarna .... lump of dough .... noun .14
dekoration, dekorationen,
    dekorationer, dekorationerna .... decoration .... noun .15
dem .... them .... pron. 5
den (referring to en-nouns) .... it .... pron. 1
deras .... theirs .... pron. 6
dess .... its .... pron. 6
det (referring to ett-nouns) .... it .... pron. 1
det här .... this .... pron. 1
dig .... you, yourself .... pron. 3
dikt, dikten, dikter, dikterna .... poem .... noun .13
din, ditt, dina .... your .... pron. 6
direkt, direkt, direkta, direktare,
    direktast .... direct .... adj. ...10
dit .... there .... adv......9
djup tallrik .... bowl .... noun .12
djup, djupt, djupa, djupare, djupast .... deep .... adj. ...12
djur, djuret, djur, djuren .... animal .... noun ...9
du (referring to one person) .... you .... pron. 1
duka, dukar, dukade, dukat .... set (table) .... verb ..12

dukad, dukat, dukade (no comparison,
  perfect participle of 'duka') .... set (table)........................adj. ... 12
dum, dumt, dumma, dummare, dummast.. stupid...........................adj. 5
duscha, duschar, duschade, duschat.......... shower.....................verb.. 10
då.. then ....adv. 4
dålig, dåligt, dåliga, sämre, sämst............. bad ....adj. 8
där .... there ....adv. 2
dörr, dörren, dörrar, dörrarna .... door.............................noun ... 6

efter .... after............................prep. ... 4
eftermiddag, eftermiddagen,
  eftermiddagar, eftermiddagarna .... afternoon ....noun . 10
efteråt.. afterwards.......................adv. ... 12
egen, eget, egna (no comparison)............. own ....adj. 4
elfte.. eleventh.........................num.. 15
eller.. or.................................conj. ... 7
elva.. eleven...........................num.... 4
emot.. against...........................prep.. 14
en.. a, one............................num.... 1
enda (masculine: ende)........................... only...............................adj. ... 14
engelska, engelskan (no plural)................. English (language)..........noun ... 7
ens (see 'inte ens')................................. See 'inte ens' ....adv. ... 11
er .... you ....pron.... 5
er, ert, era.. your...............................pron.... 6
estetisk, estetiskt, estetiska,
  mer/mera estetisk, mest estetisk .... aesthetic........................adj. 8
ett .... a, one............................num.... 2
extra.. extra ....adv. 3

familj, familjen, familjer, familjerna .... family............................noun ... 1
februari.. February.......................noun . 13
fel .... wrong............................adv. ... 13
fem .... five...............................num.... 4
feminist, feministen, feminister,
  feministerna .... feminist ....noun . 11
femte.. fifth ....num.. 15
femtio .... fifty ....num.... 7
femtionde.. fiftieth...........................num.. 15
femton.. fifteen...........................num.... 4
femtonde.. fifteenth ....num.. 15
finnas, finns, fanns, funnits..................... be, exist ....verb.. 2
fira, firar, firade, firat............................. celebrate ....verb.. 15
fisk, fisken, fiskar, fiskarna..................... fish ....noun . 12
fixa, fixar, fixade, fixat .... fix, arrange ....verb.. 12
fjorton.. fourteen ....num.... 4

fjortonde .... fourteenth .... num. .15
fjärde .... fourth .... num. .15
fler/flera (comparative form of 'många') .. more .... pron. ...7
flest (superlative form of 'många') .... most .... pron. ...7
flicka, flickan, flickor, flickorna .... girl .... noun ...1
flygplan, flygplanet, flygplan,
  flygplanen .... airplane .... noun ...4
flygplats, flygplatsen, flygplatser,
  flygplatserna .... airport .... noun ...5
fort, fortare, fortast .... quickly .... adv......7
fortfarande .... still .... adv....10
fot, foten, fötter, fötterna .... foot .... noun ...3
fram .... forward .... adv......7
framför .... in front of .... prep. ...6
framme .... at the destination .... adv......6
fredag, fredagen, fredagar, fredagarna ...... Friday .... noun ...8
frisör, frisören, frisörer, frisörerna .... hair dresser .... noun .14
fråga, frågar, frågade, frågat .... ask .... verb 3
från .... from .... prep. ...2
ful, fult, fula, fulare, fulast .... ugly, bad .... adj. 8
full, fullt, fulla, fullare, fullast .... full .... adj. 4
fy .... ugh, phew .... interj. 12
fyra .... four .... num. ...4
fyrtio .... forty .... num. ...7
fyrtionde .... fortieth .... num. .15
få, får, fick, fått .... be allowed, receive, get ... verb 5
för .... because .... conj.....7
för att .... in order to, because .... conj.....7
förbi .... past, by .... adv....13
författare, författaren, författare,
  författarna .... author .... noun .14
förklara, förklarar, förklarade, förklarat .... explain .... verb 7
förlåta, förlåter, förlät, förlåtit .... forgive .... verb ..15
förmiddag, förmiddagen, förmiddagar,
  förmiddagarna .... late morning .... noun .10
förra (masculine: förre) .... previous .... adj. 8
först .... at first .... adv......8
första (masculine: förste) .... first .... num. ...8
förstå, förstår, förstod, förstått .... understand .... verb 3
förstås .... of course .... adv....14
förstöra, förstör, förstörde, förstört .... ruin, destroy .... verb 9
förvåna, förvånar, förvånade, förvånat ...... surprise .... verb 6
förvånad, förvånat, förvånade,
  mer/mera förvånad, mest förvånad
  (perfect participle of 'förvåna') .... surprised .... adj. 6

227

hemma	at home	adv.	...14
hen	he/she	pron.	.11
henne	her	pron.	...5
hennes	her	pron.	...6
heta, heter, hette, hetat	am/is/are called	verb	1
himmel, himlen, himlar, himlarna	sky	noun	.13
hinna, hinner, hann, hunnit	have time	verb	2
hitta, hittar, hittade, hittat	find	verb	..10
hjälpa, hjälper, hjälpte, hjälpt	help	verb	6
hon	she	pron.	1
honom	him	pron.	5
horisont, horisonten, horisonter, horisonterna	horizon	noun	.15
hos	at, with	prep.	...5
hund, hunden, hundar, hundarna	dog	noun	...1
hundra	hundred	num.	...7
hundrade	hundredth	num.	.15
hur	how	adv.	...2
hus, huset, hus, husen	house	noun	...2
huvud, huvudet, huvuden, huvudena	head	noun	.11
hår, håret (no plural)	hair	noun	.11
hänga, hänger, hängde, hängt	hang	verb	6
här	here	adv.	...3
hög, högt, höga, högre, högst	high, loud	adj.	...13
höra, hör, hörde, hört	hear	verb	..11
höst, hösten, höstar, höstarna	fall	noun	.13
i	in	prep.	...1
i dag/idag	today	adv.	...12
icke (old form of 'inte')	not	adv.	...13
igen	again	adv.	...11
illa	bad	adv.	...12
in (i)	into	adv.	...6
ingen, inget, inga	no, nobody, nothing	pron.	...2
ingenjör, ingenjören, ingenjörer, ingenjörerna	engineer	noun	.14
ingenting	nothing	pron.	...8
innan	before	konj.	.15
inne	inside	adv.	...9
inte	not	adv.	...1
inte ens	not even	adv.	...11
internationell, internationellt, internationella, mer/mera internationell, mest internationell	international	adj.	...12

intervju, intervjun, intervjuer,
  intervjuerna.. interview.........................noun ... 1
Italien.. Italy................................noun . 14

ja.. yes...................................interj...2
jacka, jackan, jackor, jackorna .... jacket...............................noun . 13
jag.. I.......................................pron.... 1
januari... January.............................noun . 13
jo .... yes...................................interj. 13
ju .... of course..........................adv. 5
jude, juden, judar, judarna....................... Jew...................................noun . 13
jul, julen, jular, jularna............................ Christmas ....noun . 15
julafton, julaftonen, julaftnar,
  julaftnarna... Christmas Eve..................noun . 15
juldekoration, juldekorationen,
  juldekorationer, juldekorationerna.......... Christmas decoration........noun . 15
julgran, julgranen, julgranar, julgranarna.. Christmas tree..................noun . 15
juli .... July...................................noun . 13
julklapp, julklappen, julklappar,
  julklapparna .... Christmas present.............noun . 15
jullov, jullovet, jullov, julloven................. Christmas vacation...........noun . 15
jultomte, jultomten, jultomtar,
  jultomtarna.. Santa Claus......................noun . 15
juni .... June..................................noun . 13
just... just, exactly.....................adv. 4
jäst, jästen (no plural) .... yeast ....noun . 14
jätte, jätten, jättar, jättarna....................... giant ....noun ... 8
jättebra (slang word, see 'bra')................. very good..........................adj.... 11
jättedum (slang word, see 'dum')............. very stupid.......................adj...... 8
jättefort (slang word, see 'fort') .... very quickly.....................adv. 8
jättegod (slang word, see 'god')............... very good.........................adj.... 12
jättemånga (slang word, see 'många')...... very many........................adj.... 11
jättesvårt (slang word, see 'svår')............ very difficult...................adj.... 14
jättetjock (slang word, see 'tjock') .... very fat, very thick..........adj.... 15

kall, kallt, kalla, kallare, kallast............... cold ....adj...... 4
kan (present tense of 'kunna').................. can....................................verb....2
kanske.. maybe..............................adv. 2
kantarell, kantarellen, kantareller,
  kantarellerna.. chanterelle ....noun . 10
katt, katten, katter, katterna...................... cat ....noun ... 1
kille, killen, killar, killarna (slang word) .. guy ....noun ... 8
kissa, kissar, kissade, kissat .... pee....................................verb.. 10
kjol, kjolen, kjolar, kjolarna...................... skirt ....noun ... 4
klass, klassen, klasser, klasserna .... class ....noun ... 8

ljud, ljudet, ljud, ljuden........................... sound............................noun. 13
ljus, ljuset, ljus, ljusen .... candle, light....................noun. 15
ljus, ljust, ljusa, ljusare, ljusast................ light, fair.........................adj.... 13
ljuskrona, ljuskronan, ljuskronor,
  ljuskronorna .... crown with candles ....noun. 15
lodjur, lodjuret, lodjur, lodjuren .... lynx ....noun... 9
lov, lovet, lov, loven.............................. holiday (from school).......noun. 15
Lucia.. Santa Lucia.....................noun. 14
luciafirande, luciafirandet,
  luciafiranden, luciafirandena.................. Santa Lucia celebration....noun. 15
lucialinne, lucialinnet, lucialinnen,
  lucialinnena.. Santa Lucia gown ....noun. 15
luciasång, luciasången, luciasånger,
  luciasångerna...................................... Santa Lucia song..............noun. 15
luciatåg, luciatåget, luciatåg, luciatågen ... Sana Lucia procession......noun. 15
lukta, luktar, luktade, luktat .... smell..............................verb.. 12
lunch, lunchen, luncher, luncherna.......... lunch ....noun. 10
lussekatt, lussekatten, lussekatter,
  lussekatterna....................................... Santa Lucia roll...............noun. 14
lyfta, lyfter, lyfte, lyft .... lift ....verb.... 3
lång, långt, långa, längre, längst.............. long................................adj.... 13
långkalsonger, långkalsongerna
  (no singular)....................................... Long-Johns.....................noun. 15
lås, låset, lås, låsen .... lock ....noun... 7
låta, låter, lät, låtit (som)....................... sound (like)....................verb.... 8
lägga, lägger, la (old: lade), lagt.............. lay, put ....verb.... 6
läkare, läkaren, läkare, läkarna................ doctor ....noun. 14
läpp, läppen, läppar, läpparna .... lip..................................noun. 11
lära, lär, lärde, lärt (sig) .... learn ....verb.... 7
lärare, läraren, lärare, lärarna .... teacher...........................noun... 7
läsa, läser, läste, läst .... read, study ....verb.... 7
lätt, lätt, lätta, lättare, lättast.................. light, easy ....adj...... 4
läxa, läxan, läxor, läxorna...................... homework.......................noun. 13
lök, löken, lökar, lökarna .... onion ....noun. 12
lördag, lördagen, lördagar, lördagarna...... Saturday ....noun... 8
löv, lövet, löv, löven.............................. leaf................................noun. 10

maj... May................................noun. 13
mamma, mamman, mammor,
  mammorna... mother ....noun... 1
man... (every) one ....pron.... 9
man, mannen, män, männen.................... man ....noun... 7
mark, marken, marker, markerna .... ground............................noun... 9
mars.. March.............................noun. 13
massa, massan, massor, massorna .... lot..................................noun... 4

saffran, saffranen/saffranet (no plural) ..... saffron ....noun. 14
sak, saken, saker, sakerna .... thing............................noun. 14
sal, salen, salar, salarna........................... hall, room ....noun. 15
sallad, salladen, sallader, salladerna .... salad...............................noun. 12
samlas, samlas, samlades, samlats
  (passive form) .... gather ....verb.. 10
samma.. the same ....pron.... 8
sand, sanden (no plural)....................... sand...............................noun... 9
se, ser, såg, sett.................................. see ....verb... 5
sedan.. then ....adv. ... 6
september.. September.......................noun. 13
sex .... six ....num.... 4
sextio.. sixty ....num.... 7
sextionde.. sixtieth...........................num.. 15
sexton .... sixteen ....num.... 4
sextonde.. sixteenth ....num.. 15
sig.. himself/herself etc...........pron.... 5
sin, sitt, sina .... his own, her own etc. ....pron.... 6
sist.. last...............................adv. ... 15
sista (masculine: siste)........................... last...............................adj.... 15
sitta, sitter, satt, suttit............................. sit ....verb.... 5
sittunderlag, sittunderlaget,
  sittunderlag, sittunderlagen .... seat pad...........................noun. 10
sju.. seven ....num.... 4
sjuksköterska, sjuksköterskan,
  sjuksköterskor, sjuksköterskorna............ nurse...............................noun. 14
sjunde .... seventh ....num.. 15
sjunga, sjunger, sjöng, sjungit................. sing................................verb.. 14
sjuttio.. seventy ....num.... 7
sjuttionde .... seventieth ....num.. 15
sjutton.. seventeen.........................num.... 4
sjuttonde .... seventeenth......................num.. 15
själv, självt, själva .... self................................adj...... 1
sjätte.. sixth ....num.. 15
ska (old: skall), skulle (no infinitive,
  only present and past tense) .... will, shall........................verb.... 2
skaka, skakar, skakade, skakat................. shake ....verb.. 11
sked, skeden, skedar, skedarna................. spoon............................noun. 12
sko, skon, skor, skorna............................. shoe.............................noun... 4
skog, skogen, skogar, skogarna............. forest ....noun... 9
skola, skolan, skolor, skolorna .... school, the school............noun... 2
skolkör, skolkören, skolkörer,
  skolkörerna.. school choir ....noun. 15
skolmatsal, skolmatsalen,
  skolmatsalar, skolmatsalarna.................. school cafeteria...............noun. 15

236

skratta, skrattar, skrattade, skrattat (åt)...... laugh (at)......................... verb 5
skriva, skriver, skrev, skrivit .... write .... verb ..11
skräpa, skräpar, skräpade, skräpat (ner) .... litter .... verb 9
skägg, skägget, skägg, skäggen .... beard .... noun .11
slut, slutet, slut, sluten............................ end........................... noun .13
sluta, slutar, slutade, slutat....................... stop, end........................ verb 8
släcka, släcker, släckte, släckt.................. turn off the light .... verb ..15
smaka, smakar, smakade, smakat .... taste .... verb ..12
smuts, smutsen (no plural)....................... dirt.................................. noun ...6
smör, smöret (no plural)......................... butter .... noun .14
snart .... soon .... adv......5
snygg, snyggt, snygga, snyggare,
  snyggast..good-looking.................. adj. 6
snäll, snällt, snälla, snällare, snällast......... kind, please .... adj. 12
socker, sockret (no plural)....................... sugar .... noun .14
sol, solen, solar, solarna .... sun.................................. noun .15
som .... which, who, as, like......... pron. 1
sommar, sommaren, somrar, somrarna ..... summer........................... noun .13
soppa, soppan, soppor, sopporna .... soup .... noun .12
sort, sorten, sorter, sorterna .... kind, sort........................ noun .10
sovrum, sovrummet, sovrum,
  sovrummen... bedroom......................... noun ...2
spetsig, spetsigt, spetsiga, spetsigare,
  spetsigast.. pointed........................... noun .15
springa, springer, sprang, sprungit............ run .... verb ..15
språk, språket, språk, språken.................. language.......................... noun ...8
spår, spåret, spår, spåren .... foot print, track.............. noun ...9
stackars (this form only)......................... poor .... adj. 8
stad, staden, städer, städerna................... city, town .... noun ...4
stan (short for 'staden', see 'stad')............ the city, the town .... noun .14
stanna, stannar, stannade, stannat .... stop, stay........................ verb 6
station, stationen, stationer, stationerna..... train or bus station.......... noun ...5
stjäla, stjäl, stal, stulit............................. steal .... verb 7
stjärna, stjärnan, stjärnor, stjärnorna .... star.................................. noun .15
stjärngosse, stjärngossen, stjärngossar,   "star boy" in Santa Lucia
  stjärngossarna .... procession .... noun .15
stor, stort, stora, större, störst.................. big .... adj. 2
strumpa, strumpan, strumpor,
  strumporna.. sock, stocking.................. noun ...4
stå, står, stod, stått.................................. stand .... verb 5
städa, städar, städade, städat.................... clean up.......................... verb ..14
ställa, ställer, ställde, ställt....................... put, place........................ verb ..15
stänga, stänger, stängde, stängt................. close .... verb 6
sucka, suckar, suckade, suckat................. sigh .... verb ..11
sur, surt, sura, surare, surast .... sulky, sour....................... adj. 3

surströmming, surströmmingen,
 surströmmingar, surströmmingarna .... sour herring .... noun. 12
svamp, svampen, svampar, svamparna ..... mushroom .... noun ... 9
svara, svarar, svarade, svarat .... answer .... verb 9
svart, svart, svarta, svartare, svartast .... black .... adj. ... 10
svenska, svenskan (no plural) .... Swedish (language) .... noun ... 4
Sverige .... Sweden .... noun ... 2
svår, svårt, svåra, svårare, svårast .... difficult .... adj. ... 14
sylt, sylten (no plural) .... jam .... noun ... 9
syster, systern, systrar, systrarna .... sister .... noun ... 1
så .... so, like that .... adv. 2
sång, sången, sånger, sångerna .... song .... noun. 13
säga, säger, sa (old: sade), sagt .... say .... verb 3
säng, sängen, sängar, sängarna .... bed .... noun. 12
sätta, sätter, satte, satt .... put .... verb.. 11
söndag, söndagen, söndagar,
 söndagarna .... Sunday .... noun ... 8

ta, tar, tog, tagit .... take .... verb 4
tack .... thank you .... interj ... 2
tala, talar, talade, talat .... talk, tell .... verb 9
tallrik, tallriken, tallrikar, tallrikarna .... plate .... noun. 12
tid, tiden, tider, tiderna .... time .... noun. 10
till .... to, of .... prep 1
till .... more .... adv. 2
tillbaka .... back .... adv. ... 10
tillsammans .... together .... adv. 8
tio (tie) .... ten .... num. ... 4
tionde .... tenth .... num.. 15
tisdag, tisdagen, tisdagar, tisdagarna .... Tuesday .... noun ... 8
titta, tittar, tittade, tittat .... look .... verb 4
tja .... well .... interj. 11
tjock, tjockt, tjocka, tjockare, tjockast ...... fat, thick .... adj. 5
tjugo .... twenty .... num. ... 4
tjugonde .... twentieth .... num.. 15
toalett, toaletten, toaletter, toaletterna .... toilet .... noun. 10
toalettpapper, toalettpappret,
 toalettpapper, toalettpappren .... toilet paper .... noun. 15
tolfte .... twelfth .... num.. 15
tolv .... twelve .... num. ... 4
tomte, tomten, tomtar, tomtarna .... Santa Claus .... noun. 15
tomtekläder, tomtekläderna
 (no singular) .... Santa Claus costume .... noun. 15
torsdag, torsdagen, torsdagar,
 torsdagarna .... Thursday .... noun ... 8

tre .... three .... num. ...4
tredje .... third .... num. .15
trettio .... thirty .... num. ...7
trettionde .... thirtieth .... num. .15
tretton .... thirteen .... num. ...4
trettonde .... thirteenth .... num. .15
tro, tror, trodde, trott .... believe, think .... verb ..12
träd, trädet, träd, träden .... tree .... noun ...9
trädgård, trädgården, trädgårdar,
  trädgårdarna .... garden .... noun ...3
tröja, tröjan, tröjor, tröjorna .... sweater .... noun ...4
TV, TV:n, TV-apparater,
  TV-apparaterna .... television .... noun .15
två .... two .... num. ...3
tycka, tycker, tyckte, tyckt .... think, have an opinion ..... verb 3
typisk, typiskt, typiska, mer/mera
  typisk, mest typisk .... typical .... adj. 3
Tyskland .... Germany .... noun .14
tyst, tyst, tysta, tystare, tystast .. silent .... adj. 5
tå, tån, tår, tårna .... toe .... noun .14
tåg, tåget, tåg, tågen .... train .... noun ...5
tält, tältet, tält, tälten .... tent .... noun ...9
tända, tänder, tände, tänt .... turn on the light .... verb ..15
tänka, tänker, tänkte, tänkt ...... think .... verb 8
tärna, tärnan, tärnor, tärnorna (old word) .. maid .... noun .15

under .... under, during .... prep. .14
underkläder, underkläderna
  (no singular) .... underwear .... noun ...4
undra, undrar, undrade, undrat .. wonder .... verb ..11
ung, ungt, unga, yngre, yngst ... young .... adj. 8
universitet, universitetet, universitet,
  universiteten .... university .... noun .14
upp .... up .... adv 7
ur .... out of .... prep. ...6
ursäkta, ursäktar, ursäktade, ursäktat .... excuse .... verb 7
ut .... out .... adv 1
utan .... but .... konj. .13
utan .... without .... prep. .13
utbytesstudent, utbytesstudenten,
  utbytesstudenter, utbytesstudenterna .... exchange student .... noun ...3
ute .... outside .... adv 3

vad .... what .... pron. ...1
vadå .... what .... adv 15

Made in United States
North Haven, CT
24 April 2023

35815063R00135